Judo

Guía sencilla para principiantes que quieren competir o aprender técnicas de defensa personal

Introducción

INTRODUCCIÓN 1

CAPÍTULO 1: REGLAS Y FILOSOFÍA DEL JUDO...3

CAPÍTULO 2: *JUDO KATA* VS. *JUDO RANDORI* 12

CAPÍTULO 3: FUNDAMENTOS DEL JUDO Y *UKEMI*, O CAER DE FORMA SEGURA 22

CAPÍTULO 4: *TE WAZA*: TÉCNICAS DE MANOS..36

CAPÍTULO 5: *KOSHI WAZA*: LANZAMIENTOS DE CADERA.......................41

CAPÍTULO 6: *ASHI WAZA*: TÉCNICAS DE PIES...47

CAPÍTULO 7: *SUTEMI WAZA*: TÉCNICAS DE SACRIFICIO 54

CAPÍTULO 8: *OSAE WAZA*: TÉCNICAS DE INMOVILIZACIÓN 62

CAPÍTULO 9: *SHIME WAZA*: TÉCNICAS DE ESTRANGULAMIENTO.......67

CAPÍTULO 10: *KANSETSU WAZA*: TÉCNICAS DE BLOQUEO ARTICULAR...79

CAPÍTULO 11: *GOSHIN JUTSU KATA*, EL JUDO EN DEFENSA PERSONAL...90

CAPÍTULO 12: EL LADO COMPETITIVO DEL JUDO....................................98

CAPÍTULO 13: EJERCICIOS DIARIOS DE ENTRENAMIENTO 107

CONCLUSIÓN..115

VEA MÁS LIBROS ESCRITOS POR CLINT SHARP..117

REFERENCIAS...118

Introducción

El judo es un arte marcial japonés que se centra en las técnicas de agarre y lanzamiento. Es un deporte olímpico y también puede utilizarse en defensa personal. La filosofía del judo consiste en utilizar la fuerza del oponente en su contra, lo que lo hace perfecto para las personas más pequeñas que necesitan defenderse de atacantes. No se necesita experiencia ni equipo especial para empezar. Esta guía le enseña todo lo que necesita saber sobre los fundamentos del judo para que empiece a practicar hoy mismo.

Este libro es una guía práctica para las personas interesadas en el judo y presenta aspectos de este deporte relacionados con la defensa personal y la competencia de las artes marciales. Ilustra técnicas, estrategias, la mentalidad o filosofía y la disciplina. Se centra en el uso de estas herramientas en situaciones de la vida real, como la defensa contra oponentes armados o contra más de un oponente y en combates de competencia.

El libro es una guía bien escrita, apta para principiantes y sin errores, para todos los interesados en el judo. El autor transmite al lector gran parte de sus conocimientos y experiencia en judo, y cada capítulo se relaciona con el anterior.

La pasión y el amor del autor por el judo son evidentes en cada página. Además, tiene ilustraciones de alta calidad, por lo que es ideal para principiantes. Los lectores se sentirán como si estuvieran aprendiendo de un amigo que quiere que tengan éxito, en lugar de un simple instructor o entrenador.

Las imágenes y fotos de alta calidad ilustran las técnicas que se enseñan en el libro, facilitando al lector la comprensión de los conceptos básicos de agarres y lanzamientos.

Este libro cubre todos los lanzamientos y derribos básicos que son esenciales para cualquiera que quiera aprender a derribar a sus oponentes con facilidad. También repasa algunas de las sumisiones y llaves más comunes, así que incluso si alguien lo agarra durante un combate, ¡hay formas de salir de casi todas las situaciones! Por último, habla de cómo es el judo en su más alto nivel: reglas de competición y estrategias para ganar combates contra otros luchadores expertos. Tanto si quiere algo divertido para hacer después del trabajo como si sueña con convertirse en campeón olímpico algún día, ¡este libro tiene todo lo que necesita!

El judo es una forma estupenda de ponerse en forma y mantenerse activo. También es una excelente forma de defensa personal que puede ayudarle a protegerse de cualquier daño.

Este libro le enseña los fundamentos del judo para que empiece inmediatamente. No es necesario tener experiencia. Una vez que entienda los fundamentos, practicar en casa o en su *dojo* local será fácil.

Capítulo 1: Reglas y filosofía del judo

Origen

El judo es muy diferente de cualquier otro arte marcial. Es un arte marcial muy joven, existe desde hace poco más de un siglo. A diferencia de otras artes marciales, en las que el desarrollo del deporte es la culminación de los aportes de muchas personas a lo largo del tiempo, el judo puede atribuirse a una sola persona, Kano Jigoro.

Nacido en 1860 en Japón, Jigoro era un polímata, educador de profesión y ávido artista marcial. Desde joven, a los 17 años, Jigoro era un hombre muy delgado y esbelto. Como sufría de acoso escolar, le interesaba mucho aprender artes marciales para defenderse. A mediados y finales del siglo XVIII, el *jiu-jitsu* estaba perdiendo popularidad, y a Jigoro le resultaba muy difícil encontrar un instructor. Además, su baja estatura no le hacía ningún favor, y los pocos maestros que encontraba no lo aceptaban debido a su tamaño.

Más tarde, se convirtió en discípulo de Fukuda Hachinosuke. Sin embargo, esta relación no duró demasiado, y poco más de un año después de comenzar su entrenamiento, Hachinosuke enfermó y murió. Jigoro buscó otro maestro, Iso Masatomo. Con Masatomo aprendió y progresó mucho. Muy pronto obtuvo el título de Maestro instructor (*Shihan*) y se convirtió en instructor asistente.

El último maestro de Jigoro fue Likubo Tsunetoshi, de la escuela Kito-Ryu, una escuela diferente a la Escuela Tenjin Shin Ro-Ryu de Artes Marciales de la que habían sido sus dos primeros maestros. A lo largo de su formación, Jigoro siempre aprendió de maestros que ponían mucho énfasis en la práctica libre y se centraban en la forma perfecta más que en la energía intensa. Este enfoque en la forma, el movimiento libre y los principios fundamentales del *jiu-jitsu* sentó las bases para las nuevas técnicas que Jigoro desarrolló cuando, esencialmente, creó el judo tal y como lo conocemos hoy en día.

Judo y *jiu-jitsu*

Como puede ver, el judo nació del *jiu-jitsu*, pero se desarrolló con un propósito muy diferente. Mientras que el *jiu-jitsu* nació en el campo de batalla, el judo lo hizo en una época de paz, en la que la atención se centraba en la estrategia, la disciplina, el control y la deportividad. De hecho, el nombre «judo» hace referencia a la gentileza, la suavidad y la flexibilidad y ayuda a entender que el judo se trata sobre el «método suave».

Mientras que en las artes marciales tradicionales todo giraba en torno a la fuerza, la potencia y la energía con el objetivo de herir gravemente o matar al oponente, el judo trata de comprender al oponente y utilizar técnicas para volver su fuerza contra él. Por eso, en lugar de ataques duros y bloqueos, el judo utiliza muchos movimientos de apalancamiento mediante los que el judoca intenta desequilibrar al oponente, redirigir su impulso y confiar más en movimientos inteligentes que en la fuerza bruta.

Además, en lugar de ser simplemente una forma de luchar, el Judo es una forma de pensar y de vivir que genera una mejoría física, mental, emocional e incluso espiritual. Por lo tanto, quienes se proponen aprender judo no solo aprenden un arte marcial, sino algo más importante, una forma de vida.

Etiqueta

Un profesor de judo se conoce como *sensei*. Un estudiante, por su lado, es conocido como judoca, aunque tradicionalmente el término «judoca» se reservaba para los estudiantes que habían alcanzado el cuarto dan o superior. A los alumnos nuevos y hasta el tercer dan se les denomina *kenkyu-sei* (aprendices). El atuendo que visten los practicantes de judo se conoce como *judogi*. Este mismo uniforme es utilizado en muchas otras artes marciales y fue desarrollado inicialmente por Jogori en 1907.

En los Juegos Olímpicos y en otras grandes competiciones, un jugador viste de blanco mientras que el otro lo hace de azul. Esto es simplemente para facilitar a los jueces, árbitros y espectadores la distinción entre los luchadores. En Japón, sin embargo, esta tendencia está mal vista. Allí, ambos competidores visten de blanco con un cinturón rojo.

La reverencia

La buena etiqueta es primordial en un combate de judo y la reverencia juega un papel importante. Aunque es importante en la cultura japonesa en general, la reverencia es vital en el deporte del judo. Los jugadores deben inclinarse ante los instructores cuando entran o salen de un combate. Durante el combate y antes y después del mismo, los competidores también deben inclinarse los unos ante los otros. Este es un signo de actitud deportiva y cortesía que demuestra que desean un combate profesional y justo.

Modestia

No se esperan celebraciones ruidosas ni reacciones emocionales de los luchadores de judo. Cualquier tipo de jactancia, intimidación o lenguaje abusivo es completamente inaceptable. Los jugadores de judo deben respetar a sus oponentes antes, durante y después del partido. No arman mucho alboroto por la victoria, y los perdedores deben asumir la derrota con dignidad. En general, los luchadores de judo son extremadamente considerados con el oponente y con todos los que ven el combate.

Respeto

Además de mostrar modestia, los jugadores de judo se deben tratar con el máximo respeto y utilizar sus habilidades con cautela. Algunas de esas habilidades pueden causar lesiones graves a los oponentes, y los luchadores de judo deben utilizar sus conocimientos de acuerdo con la situación y buscando lograr el objetivo del juego, no con frenesí emocional para herir al oponente. Este es uno de los principios del judo que construye un carácter fuerte en los luchadores, además de integridad y humildad, que son cualidades que resuena en otras áreas de sus vidas.

Perseverancia

El judo es un deporte particularmente difícil, sobre todo cuando se enfrenta a un oponente técnicamente más hábil. Es mentalmente agotador y estresante no poder contrarrestar los movimientos de un oponente. Sin embargo, los luchadores siempre están motivados para seguir adelante. Incluso si pierden un combate, deben continuar entrenando con la misma concentración y disciplina y seguir aprendiendo. En el judo, hay muchos niveles de dan y muchos movimientos que lleva tiempo dominar, por lo que ser un estudiante constante es un principio fundamental de este arte.

Judo moderno

Kodokan, la palabra para una escuela de judo, se traduce literalmente como «un lugar para enseñar el camino».

En esencia, el judo consiste en giros, caídas, derribos, estrangulamientos y llaves. Los jugadores de judo rara vez recurren a los puños y las patadas, pero están familiarizados con ellos y pueden utilizarlos si es necesario.

El judo se centra principalmente en el lanzamiento (*nage-waza*) y el agarre (*katame-waza*). Además, los lanzamientos pueden subdividirse en técnicas de pie (*tachi-waza*) y técnicas de sacrificio (*sutemi-waza*). Del mismo modo, las técnicas de lucha desde el suelo también se dividen en tres categorías principales de ataques en las que un jugador lucha contra llaves (*kansetsu-waza*), estrangulamientos (*shime-waza*) o técnicas de inmovilización (*osaekomi-waza*).

A medida que los jugadores progresan y se vuelven más técnicos, conocen técnicas más intrincadas y complejas utilizadas en las distintas áreas del combate. Por ejemplo, las técnicas de derribo de pie pueden dividirse a su vez en mano, cadera, pie y pierna. Además, hay múltiples técnicas dentro de cada subcategoría. Hay tantos movimientos, que la mayoría de los jugadores no los practican todos. En su lugar, se centran en las técnicas más útiles para ganar un combate. Esto se ha vuelto más común desde que el judo se convirtió en un deporte reconocido y comenzó a tratarse menos del arte del judo y más de conseguir puntos para ganar.

En el judo, hay una práctica conocida como *randori*, que es la «práctica libre». Se trata de una sesión de práctica en la que los jugadores no están sujetos a las reglas del judo de competición y pueden emplear cosas como patadas y puñetazos. A veces incluso pueden emplear «técnicas de cuchillo y espada» Sin embargo, este tipo de práctica solo se permite a los alumnos más veteranos. La razón principal para no permitirlo (ni siquiera como práctica) es la seguridad de los alumnos. Este tipo de armas y prácticas pueden ser extremadamente peligrosas y solo los estudiantes de cierta edad y rango están autorizados a hacerlo.

La estructura de un *randori* es similar a la de muchos torneos formales en donde los jugadores luchan entre sí hasta que uno de ellos se rinde. El objetivo del juego hacer una llave o estrangular al oponente hasta que se rinda.

El judo como deporte

Los partidos de judo modernos se dividen en combates de cinco minutos entre oponentes de la misma categoría de peso. Para entender cómo se gana un combate, aparte de la sumisión, es importante comprender el sistema de puntuación.

Puntuación en el judo

El judo formal tiene tres tipos principales de puntuación y dos tipos de penalización.

Puntos

1. *Ippon* – Se concede cuando hay un derribo «completo». Para que un derribo se considere completo, el luchador debe tirar a su oponente a la lona con potencia y velocidad, de forma que caiga de espaldas. También se obtiene un *ippon* cuando un luchador inmoviliza a su oponente durante veinte segundos o más, o si el oponente se desmaya o se golpea durante el agarre. Un *ippon* termina instantáneamente el combate.

2. *Waza-ari* – Se concede en respuesta a un lanzamiento muy bueno, no tan preciso como un *ippon*. Si el jugador inmoviliza al oponente con un agarre entre quince y veinte segundos, se gana un *waza-ari*. Si un jugador obtiene dos *waza-ari* durante un combate, eso equivale a un *Ippon* y la contienda termina.

3. *Yuko* – Se concede por un lanzamiento al que le falta alguno de los tres componentes principales de un buen derribo, que son la velocidad, la fuerza y que el oponente caiga de espaldas.

También se concede un *yuko* si el jugador consigue inmovilizar al rival entre diez y quince segundos. Los *yukos* no se acumulan para crear *waza-ari* o *ippon*; su cuenta se lleva por separado.

En los combates, normalmente se ven tres columnas, que representan la puntuación que cada luchador ha ganado hasta el momento en cada categoría de puntuación. Una forma más simple de ver esta puntuación es en términos cuantitativos, donde:

Ippon = 100 puntos

Waza-ari = 10 puntos

Yuko = 1 punto

Penalizaciones

1. **Hansoku-make** – Es un error grave que descalifica al luchador al instante. Intentar lesionar al oponente, un comportamiento poco profesional, la infracción reiterada de las reglas y otros comportamientos inadecuados hacen que el luchador reciba un *hansoku-make*. Es el equivalente negativo de un *ippon*.

2. **Shido** – Se trata de una infracción leve e incluye cosas como no ser lo suficientemente activo en el combate, estar demasiado a la defensiva, tocar con la mano la cara del oponente, etc. Según el reglamento estándar, hay un límite de tres *shido*. Si se emite un cuarto *shido*, equivale a un *hansoku-make* y da lugar a la descalificación del combate.

Hay varias formas de ganar un combate:

1. Lograr un *ippon*.
2. Lograr dos *waza-aris*.
3. Que el oponente obtenga un *hansoku-make*.
4. Que el oponente obtenga cuatro *shido*.
5. Que el oponente no pueda continuar por lesión.
6. Someter al oponente y que se rinda.

Si se termina el tiempo del combate, el ganador se determina por el número de *waza-aris* que haya obtenido cada luchador. Si ambos luchadores tienen el mismo número de *waza-aris*, se define por el número de *yukos*. Si también el número de *yukos* es igual, se tienen en cuenta los puntos que ha obtenido cada jugador y el menos número de penalizaciones. Si todo, incluido el número de penalizaciones, es igual, entonces el combate se decide en un punto de oro. Se trata de una situación de muerte súbita. La ronda del punto de oro no tiene límite de tiempo y el combate termina en cuanto alguien gana el primer punto. Además, si un luchador recibe un *shido* en el punto de oro, el oponente gana.

Principales reglas del judo

Las reglas principales del judo son bastante sencillas:

1. No está permitido lesionar intencionalmente al oponente.
2. No están permitidos los puños ni las patadas.
3. No está permitido tocar el rostro del oponente.
4. No está permitido atacar articulaciones diferentes del codo.
5. No están permitidos los cabezazos.

Beneficios del judo

El judo es un deporte muy explosivo que requiere mucha fuerza y un pensamiento crítico agudo. Desde la posición de pie, requiere fuerza para levantar y derribar al oponente; y desde el suelo, requiere habilidad y estrategia para inmovilizar al oponente con diversas llaves y estrangulamientos.

Desde un punto de vista físico, el judo es un deporte muy beneficioso para el desarrollo de la fuerza. Solo con los ejercicios y los combates, el luchador se enfrenta a un entrenamiento físico bastante intenso. Los luchadores de judo desarrollan una contextura física más grande y fuerte, además de mucha flexibilidad. En lugar de tener solo músculos grandes, trasladan su fuerza a la vida diaria y la utilizan en muchas otras áreas fuera del judo.

A nivel mental, es un fantástico juego de estrategia. Como el objetivo del juego no es dañar a la otra persona, sino ser más astuto que ella, es muy beneficioso aprender las tácticas de este arte marcial. Requiere pensar con rapidez, ser capaz de analizar situaciones sobre la marcha, prever lo que va a hacer la otra persona y estar preparado para enfrentar cualquier ataque del adversario. Este entrenamiento, sumado al aspecto moral que se espera de los luchadores de judo y el ambiente social de una escuela o clase, es una excelente manera de que los jóvenes aprendan normas sociales y desarrollen rasgos clave como la perseverancia, la disciplina, el respeto y la deportividad.

Además, al tratarse de un deporte complejo, que puede llevar bastante tiempo dominar, desarrolla la paciencia y una ética de trabajo minuciosa. Cualquiera que quiera ser bueno en judo o competir en este deporte comprenderá pronto que no se trata simplemente de empujar a otras personas.

Cómo ha contribuido el judo con la educación

Jigoro era un profesor académico y un *sensei* de judo. En el centro de su enseñanza estaba el propósito de mejorar la forma en que se enseñaba a los jóvenes y la forma en que los jóvenes aprendían. Quería que el judo fuera un deporte que contribuyera al desarrollo de los seres humanos y ayudara a crear una sociedad más fuerte.

Es un deporte que entrena tanto la mente como el cuerpo y ayuda a desarrollar todos los aspectos de la vida.

Más concretamente, uno de los principios básicos de este deporte es el «*Seiryoku Zenyo*» (máxima eficacia). Este enseña a los estudiantes que todo se puede lograr, pero solo cuando el cuerpo y la mente se aplican a sus propósitos con la máxima dedicación. Esto funciona tanto en el judo como en la vida. Usando los conceptos de máxima eficiencia, bienestar mutuo y beneficio, se puede trabajar para crear una sociedad ideal para los humanos y libre de los defectos que se ven en las sociedades de todo el mundo. Aunque hay muchas ideologías religiosas, políticas y filosóficas destinadas a mejorar la sociedad, sigue habiendo una desconexión entre todas las culturas del mundo. Incorporando los principios del judo al sistema educativo de todo el mundo, se puede trabajar para inculcar un mayor sentido de la compasión, la disciplina, la empatía y la integridad en las nuevas generaciones.

Flor de cerezo

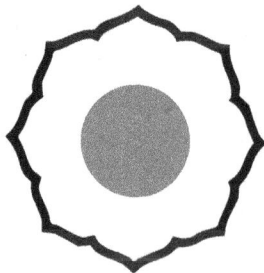

https://www.cleanpng.com/png-kodokan-judo-institute-jujutsu-martial-arts-united-2848649/

El cerezo y su flor ocupan un lugar especial en la cultura japonesa y en el judo. De hecho, el símbolo internacional del judo es la flor del cerezo. Sin embargo, esto se hizo oficial mucho después de la muerte de Jigoro. La flor del cerezo ha desempeñado un papel importante en las artes marciales y, más concretamente, en la vida de los samuráis. La temporada de floración de los cerezos es importante en el año japonés, y la gente visita Japón especialmente en esta época. Los lugareños pasan los días en parques llenos de cerezos florecidos disfrutando de la naturaleza en compañía de amigos y familiares.

Para los samuráis y los *judogis*, la flor del cerezo simboliza la extrema belleza y fragilidad. La flor del cerezo suele desprenderse del árbol en su plenitud (en el apogeo de su floración), y es muy importante que un guerrero comprenda esto. Cuando está en su mejor momento, es más posible que muera en el campo de batalla, y esto no es algo de lo que deba avergonzarse. Al contrario, es increíblemente hermoso abrazar a la muerte en la cúspide de sus capacidades, de una forma que enfatice su compromiso con el papel de guerrero. Por eso, en muchas escuelas de artes marciales el centro de la meditación es el árbol o la flor del cerezo.

El judo y los Olímpicos

El judo apareció por primera vez en el escenario de los Juegos Olímpicos en 1932 en Los Ángeles. Jigoro y cerca de doscientos discípulos hicieron una demostración en directo. Sin embargo, solo treinta años después se convirtió en un deporte oficial de las Olimpiadas. La primera vez que se practicó judo de forma competitiva en las Olimpiadas fue en 1964 (cuando se celebraron en Tokio). En ese entonces, aún era un deporte para hombres, y solo hasta las Olimpiadas de 1992 hubo también competición femenina de judo. En la actualidad, existen siete divisiones de peso en el judo olímpico, tanto para hombres como para mujeres.

Capítulo 2: *Judo kata* vs. *judo randori*

En este capítulo, se comparan estos dos métodos de entrenamiento y se analizan las ventajas de cada uno. Todo el mundo sabe que practicar es la mejor manera de aprender una nueva habilidad. Practicar significa hacer algo una y otra vez hasta que se vuelve automático. Lo mismo ocurre con el judo, pero hay dos formas diferentes de practicar: *kata* y *randori*.

La diferencia entre el judo *kata* y el *randori*

El *kata* se practica siguiendo un sistema formal de ejercicios preestablecidos. En cambio, el *randori* o enfrentamiento se practica libremente con un oponente simulando la lucha al máximo posible. Puede adoptar el papel de atacante o de defensor y aplicar las técnicas que ha aprendido en el *kata* para ganar control sobre su oponente.

El *randori* se centra en la técnica y la forma, haciendo evidente lo que funciona mejor para los diferentes oponentes, de modo que usted pueda ajustarse en consecuencia durante los combates, mientras que el entrenamiento de *kata* desarrolla una comprensión más profunda del judo. Cuanto más practique *randori*, mejor será su entrenamiento de *kata*, ya que desarrollará una comprensión más profunda del judo.

Fundamentos del judo *kata*

El judo *kata* se basa en ejercicios preestablecidos. Los alumnos practican técnicas de una forma específica para desarrollar los principios de ejecución de movimientos correcta y eficazmente. Las formas preestablecidas se utilizan para reforzar la disciplina, la atención en los detalles, la precisión, el ritmo, la sincronización y el control de la distancia, entre otras cosas.

Los siete *kata* oficiales

Existen siete formas oficiales de *kata*:

1. Kata goshin-jutsu.
2. Kata itsutsu-no.
3. Kata ju-no.
4. Kata katame-no.
5. Kata kime-no.
6. Kata koshiki-no.
7. Kata nage-no.

Kata goshin-jutsu

El kata goshin-jutsu es el único kata que trata técnicas de defensa personal. Tiene una aplicación muy práctica, y sus movimientos son similares a los del kata ju-no. Incluye técnicas de defensa contra ataques con armas (puñal, bastón y pistola) y sin armas.

Kata itsutsu-no

El kata itsutsu-no se compone de cinco movimientos, cada uno de los cuales utiliza una técnica diferente. Este kata tiene más de una aplicación, y su objetivo principal es enseñar a los alumnos a aplicar los movimientos de judo mientras desarrollan su velocidad y fuerza. Las cinco técnicas, conocidas por su número, son: empuje directo (ichi), desviación (ni), energía circular (san), acción y reacción (shi) y vacío (go).

Kata ju-no

El kata ju-no es una rutina en tres partes que se realiza entre dos personas, una como uke y la otra como tori. Las tres series incluyen técnicas como empujones con las manos y con los hombros, agarres, golpes y giros.

Kata katame-no

El kata katame-no consta de quince técnicas, clasificadas en tres grupos principales: agarres, estrangulamientos y llaves. Este kata está diseñado para enseñar a los alumnos a defenderse de ataques utilizando técnicas duras y blandas. Hay tres grupos de métodos de agarre, cada uno con cinco técnicas distintas. El objetivo del entrenamiento de kata katame-no es dominar las habilidades necesarias para controlar al oponente en un combate.

Kata kime-no

De rodillas (idori waza) y de pie (tachi waza) son las dos posturas iniciales para las técnicas de este kata. En total hay ocho técnicas. Ambos conjuntos de técnicas incluyen defensas contra ataques con y sin armas.

Kata koshiki-no

Se trata de un conjunto de formas que provienen de técnicas antiguas y fue creado para el «kumiuchi», el forcejeo de guerreros acorazados en la época feudal, que era una práctica popular. En este movimiento, ambos luchadores deben imaginar que llevan una armadura mientras realizan el kata.

Kata nage-no

El kata nage-no consta de quince técnicas divididas en cinco categorías principales. Las técnicas incluyen técnicas de mano, técnicas de cadera, técnicas de pie, técnicas de sacrificio trasero y lateral. Las técnicas se realizan dos veces en el lado derecho y dos en el izquierdo siguiendo la misma secuencia.

Técnicas usadas en el judo contemporáneo

Hay una serie de técnicas nuevas que se han añadido a las formas originales. Entre ellas están:

Kata okuri eri – Se practica con un integrante de la pareja acostado boca abajo y el otro sujetándolo y volteándolo de varias formas. El objetivo de esta técnica es desarrollar la sincronización y el control de la distancia en las técnicas de lanzamiento.

Koshi guruma – Se trata de una técnica de cadera en la que el *tori* levanta y gira al *uke* sobre sus caderas.

Sumi gaeshi – Es una extensión del *koshi guruma*, en la que el *tori* cae sobre una rodilla mientras lanza al *uke* hacia atrás por encima de él.

Ippon seio nage – Significa literalmente «lanzamiento con un brazo al hombro», esta técnica es similar a *seio nage*, pero con un brazo un brazo debajo de la pierna.

Yoko guruma – En esta técnica, el *tori* levanta al *uke* por encima de los hombros y termina en una posición de pie con el oponente de espaldas.

Uki goshi – Lanzamiento de cadera que consiste en levantar al *uke* por encima de la cadera.

Uchi mata – Técnica de derribo que consiste en levantar al oponente por los pies y dejarlo caer lateralmente para derribarlo.

Nami ashi dori – Significa literalmente «mango de pies ondulados» y es un lanzamiento con raspado de pies en el que se utiliza una pierna a la vez.

O uchi gari – El *tori* utiliza su pierna para enganchar el pie de apoyo del *uke* desde el interior.

O soto gari – Una técnica popular que se utiliza para derribar al oponente raspando su pierna de apoyo por un lado.

Ko uchi gari – En esta técnica, el *tori* utiliza el brazo y el hombro interiores y se inclina hacia delante por las caderas mientras raspa la pierna exterior del *uke*.

Ko soto gari – Una técnica similar a *ko uchi gari*, pero en la que el *tori* raspa hacia fuera con el brazo y el hombro en lugar de utilizar las caderas.

O guruma – Consiste en lanzar al oponente por encima de los hombros arrodillándose y agarrándolo por la cintura.

O goshi – Lanzamiento de cadera que implica un movimiento giratorio mientras el *tori* levanta al *uke* y lo deja caer al suelo de espaldas.

Yoko sumi gaeshi (banana split) – Se trata de una versión avanzada de *uki goshi* en la que se dobla la cadera hacia delante mientras se sujeta al *uke*.

Juji gatame – Se trata de una llave de brazos invertida en la que el *tori* dobla el brazo de su oponente en forma de «X» antes de inmovilizarlo contra el suelo.

Osoto guruma – El raspado de pierna exterior, consiste en que el *tori* enganche el pie de apoyo del *uke* desde el exterior mientras lo raspa simultáneamente hacia fuera.

Sasae tsurikomi ashi – Se utiliza para bloquear los movimientos del oponente utilizando las piernas antes de rasparle la pierna de apoyo hacia fuera.

O soto gari – El mayor lanzamiento con la parte exterior del muslo hacia el interior en el que el *tori* utiliza el brazo y hombro interior mientras se inclina hacia delante sobre las caderas para raspar al *uke* con su pierna exterior.

Uchi mata – El derribo desde el interior del muslo, también conocido como «gancho interior», en el que el *tori* raspa la pierna de apoyo del *uke* desde el lado interior antes de derribarlo de espaldas.

Soto makikomi – Técnica de lanzamiento en la que se envuelven las piernas alrededor del *uke* para levantarlo del suelo.

Kata guruma – El giro de hombro, una forma más avanzada de *uki goshi* en la que el *tori* levanta al *uke* de los pies mientras gira en círculo.

Kata okuri eri – Crear distancia y sincronización para las técnicas de lanzamiento practicando de rodillas.

Okuri ashi barai – Es similar a *hiza guruma* y consiste en que el *tori* levanta al *uke* por encima de la cadera mientras raspa una de sus piernas.

Harai goshi – El lanzamiento de raspado de cadera, se utiliza para derribar al oponente raspando la pierna de apoyo de un lado con el brazo extendido hacia fuera.

Hane goshi – Consiste en agarrar el pie de apoyo del *uke* por un lado con el brazo interior y enganchar su tobillo.

Hiza guruma – el giro de rodilla, una forma más avanzada de *uki goshi* en la que el *tori* levanta al *uke* del suelo antes de dejarlo caer de espaldas sobre sus caderas.

Kibisu gaeshi – Lanzamiento de tobillo desde la posición de pie en el que el *tori* raspa la pierna de apoyo del *uke* desde el exterior y, al mismo tiempo, la raspa hacia dentro y fuera de sus pies.

Hikikomi gaeshi – Técnica de derribo con el pie hacia atrás en la que se derriba al oponente agarrándolo de una o ambas piernas por los tobillos mientras intenta alejarse.

Ko soto gake – Técnica de derribo con el pie hacia delante en la que el Tori engancha la pierna de apoyo del Uke por un lado con su brazo interior mientras simultáneamente realiza un barrido hacia fuera para derribarlo.

Kata gatame – Sujeción del hombro en la que se rodea el cuello con el brazo antes de dejarlo caer sobre la nuca tirando hacia abajo con los brazos.

Ude garami – Una llave al hombro en la que se dobla el codo hacia dentro mientras se empuja la muñeca hacia arriba para tumbar al oponente de espaldas.

Kesa gatame – Sujeción con pañuelo en la que el *tori* sujeta al *uke* rodeando su cuello con uno de sus brazos y agarrándolo con la mano contraria.

Ude gatame – Una llave de hombros en la que se dobla uno de los brazos del oponente por el codo antes de empujarlo hacia abajo para causarle dolor. Con las dos manos, se presiona la muñeca hasta que se somete o queda inconsciente por la presión.

Fundamentos del judo *randori*

El judo *randori*, que literalmente significa «práctica libre», es el combate libre. Durante el entrenamiento *randori* los oponentes simulan el combate en vivo con la mayor fidelidad posible. Cada uno adopta el papel de ataque o de defensa y aplica las técnicas aprendidas en los *katas* para controlar al oponente. El entrenamiento de *randori* permite desarrollar el espíritu de lucha, ya que enseña a adaptarse rápidamente a cualquier situación.

Randori es técnica y forma. Debe tener en cuenta la distancia, el tiempo y el agarre necesarios para aplicar sus técnicas sin exponerse a los contraataques de su oponente. El entrenamiento de *randori* ayuda a desarrollar la confianza en sí mismo y favorece la creatividad en cualquier situación. Además, permite conocer lo que funciona mejor con diferentes oponentes, de modo que se pueda ajustar la postura durante los combates en vivo. Cuanto más practique *randori*, más beneficioso será su entrenamiento de *kata*, porque le ayuda a comprender el judo más profundamente.

Reglas y trucos del *randori*

Las reglas del judo *randori* son similares a las del judo *kata*. La única diferencia es que se pueden utilizar todas las técnicas de contacto total durante el entrenamiento, lo que significa que el oponente no puede contraatacar como lo haría en una situación de la vida real.

Cuando se trata del judo *randori*, no hay un reglamento específico, ya que este tipo de entrenamiento se realiza para desarrollar las habilidades de judo mediante la aplicación de las técnicas del sistema de *kata*.

En el *randori* no hay vencedores ni vencidos, así que láncese libremente sin pensar en que lo van a derribar. Relájese y deje que su cuerpo y su mente se muevan libremente. Mantenga los brazos sueltos. Tómelo con calma, pero no lo suelte.

Siga cada estrategia. Evite el hábito de dejar una estrategia a medias y pasar a nuevas técnicas.

Mantenga un contacto sólido con la colchoneta utilizando los pies. Para mayor potencia, emita un fuerte *kiai*. No pierda de vista su respiración para mantener el control. Mantenga los codos bien pegados al cuerpo, donde son más eficaces. Mire siempre a su oponente y nunca le dé la espalda. No junte los pies.

Importancia de dominar el *kata*

Es importante dominar el *kata* antes de pasar al método *randori*, porque el *kata* ayuda a desarrollar las habilidades técnicas necesarias para ganar mediante cualquier técnica en *randori*.

El entrenamiento de *kata* es la forma en la que se creó el judo, y constituirá la mayor parte de su entrenamiento. En este entrenamiento aprenderá todo sobre técnicas, agarres y contraataques, con la ayuda de un compañero que estará con usted en el tatami.

El entrenamiento de *kata* es lo que le enseña a aplicar diferentes técnicas cuando esté en combates *randori*, donde no hay restricciones y todo vale. Así que asegúrese de que sus habilidades de *kata* están bien antes de intentar un enfrentamiento *randori* para que pueda utilizar eficazmente las técnicas y ganar contra un oponente.

La importancia de seguir las normas de seguridad y la etiqueta del judo

El objetivo principal de las normas de seguridad y la etiqueta del judo en el combate es mantener su seguridad y la de su oponente durante el entrenamiento.

Asegúrese de calentar y estirar todos los músculos de su cuerpo antes de empezar una sesión de combate. Esto es esencial para evitar distensiones musculares, esguinces y otro tipo de lesiones causadas por movimientos bruscos durante las sesiones de entrenamiento de *randori*. Asegúrese siempre de llevar el equipo de protección adecuado, como protectores bucales y para la cabeza.

Durante el entrenamiento de *randori*, sea respetuoso y tómeselo con calma: no malgaste su energía, especialmente si es nuevo en el judo o no tiene mucha experiencia. Para convertirse en un mejor judoca y comprender lo que el judo puede ofrecerle, puede trabajar en el desarrollo de sus técnicas entrenando con jugadores más experimentados y personas que practiquen este arte a un nivel superior al suyo. Esté atento a su entorno y a las personas que lo rodean durante el entrenamiento *randori* o las sesiones de combate para que nadie resulte herido durante la práctica. Esto es especialmente importante si hay mucha gente en un evento. Lo mejor es tener un conjunto de reglas acordadas por las personas que participan en el entrenamiento de *randori*, especialmente para quienes acaban de empezar.

Tómese siempre su tiempo y concéntrese en lo que está haciendo durante el combate para que pueda mejorar su técnica sin apresurarse a terminar cada asalto. Para no dañar al oponente, es importante saber cuánta fuerza aplicar al ejecutar las distintas técnicas.

Deténgase cuando el árbitro haga sonar el silbato.

No ataque a su oponente cuando esté en el suelo tras haber sido derribado o inmovilizado.

Haga siempre una reverencia antes y después de los combates, independientemente de cuál competidor haya ganado.

Asegúrese de que su oponente está preparado antes de comenzar el *randori*. Si no lo está, espere educadamente hasta que esté totalmente listo para luchar.

Comience con calma y aumente gradualmente la intensidad del entrenamiento a medida que se sienta más cómodo con las sesiones de práctica.

No haga movimientos bruscos mientras su oponente le está aplicando una técnica, ya que podría causarle lesiones a él o a usted mismo.

Siempre haga una reverencia a su oponente antes y después del combate, mostrando respeto por su entrenamiento, manifestando cortesía y evitando malentendidos que podrían conducir a lesiones. También puede mostrar buena deportividad inclinándose ante el árbitro si cree que ha tomado una decisión injusta.

Beneficios del combate de judo

El combate de judo proporciona un buen entrenamiento cardiovascular y ayuda a aumentar la resistencia. También es una forma intensa de entrenamiento que mejora su velocidad, resistencia y fuerza si utiliza las técnicas adecuadas en el momento correcto durante las sesiones de *randori* o de práctica libre. El combate es ideal para ganar confianza en sí mismo cuando se lucha con otros judocas.

El *randori* es una gran manera de poner en práctica las técnicas que ha aprendido y aplicarlas en diferentes escenarios, especialmente si quiere superar sus límites o desafiarse a sí mismo para ser mejor. El entrenamiento diario con gente nueva de distintos niveles de experiencia supone un reto mental y físico. También es una oportunidad para aprender de los errores y corregirlos en futuras sesiones de entrenamiento, así como una ocasión para mejorar su técnica a través de la experiencia.

Dominar el *kata nage-no* y el *kata katame-no*

La repetición es la única manera de aprender y mejorar técnicas de judo, así como de dominar el *kata nage-no* (técnicas de derribo) y el *kata katame-no* (técnicas de agarre). Dado que los *kata nage-no* son formas preestablecidas, puede seguir la secuencia de pasos sin pensar en ello, ya que se integran en sus sesiones de práctica o los entrenamientos *randori*.

La práctica de *kata* le enseña a aplicar las técnicas de judo en un entorno seguro y controlado, por lo que es importante hacerlo con un 100 % de concentración. Solo así podrá aprender a aplicar correctamente los derribos de judo. Aquí es donde su *sensei* puede entrenarlo y corregir sus errores al mismo tiempo que aumenta su resistencia, preparándolo para el entrenamiento *randori*. El entrenamiento *randori* le permite luchar contra oponentes que atacan desde cualquier dirección y en cualquier momento. El *randori* requiere que los luchadores estén mentalmente concentrados y preparados para cualquier cosa, por lo que ambas formas de práctica son importantes a la hora de aprender el arte y el deporte del judo.

El *kata nage-no* y el *kata katame-no* son los ejercicios de entrenamiento técnico clave del judo. Esto se debe a que permiten practicar técnicas de lanzamiento y agarre sin la presión del *randori* o la lucha contra un oponente que tienen las sesiones de práctica libre. El *kata nage-no* también es una gran oportunidad para mejorar la sincronización y la conciencia de la distancia, así como para aprender técnicas de lanzamiento nuevas que no están en la práctica del *kata katame-no*.

Estas técnicas se explican en detalle en los próximos capítulos.

Las dos formas de judo (*kata* y *randori*) tienen sus propios beneficios. La clave para mejorar sus habilidades es practicar la forma correcta en el momento adecuado. Practique en los combates con precaución para no lesionarse usted ni a los demás mientras realiza su entrenamiento en velocidad, resistencia, fuerza y confianza durante sus sesiones de práctica de *randori*.

Capítulo 3: Fundamentos del judo y *ukemi,* o caer de forma segura

En este capítulo se habla de los fundamentos del judo y de *ukemi.* *Ukemi* es el término japonés para el arte de caer con seguridad. Empieza con un breve resumen de lo que es el judo, por qué es tan popular en Japón y cómo realizar correctamente las posturas y movimientos básicos. Después, habla del *shisei* (postura), la forma ideal que debe procurar cuando se practica judo. Por último, habla de varias maneras de caer de forma segura cuando un oponente le practica un lanzamiento o cuando usted mismo se lanza al suelo.

Shisei (postura)

Shisei

Shisei es el término japonés para postura. Durante la práctica del judo, debe esforzarse por mantener un *shisei* perfecto en todo momento, lo que significa permanecer erguido, con la cabeza levantada y la espalda ligeramente arqueada hacia atrás. Los pies deben estar separados a la distancia de los hombros, apuntando hacia delante perpendiculares a la parte superior del cuerpo, que también debe estar mirando hacia delante. Las rodillas deben estar ligeramente flexionadas, el estómago metido y los hombros hacia atrás.

El concepto de *shisei* implica que el cuerpo debe esté en una postura natural de pie que logre el máximo equilibrio. Existen tres posturas principales de *shinzei-tai* (postura natural de pie), *shinzen-hontai*, *migi-shizen-tai* e *hidari-shizen-tai*.

Shinzei-tai (postura natural de pie)

Shinzei-tai

Esta postura es la más habitual para los principiantes y debe progresar a partir de ella. El peso se distribuye uniformemente sobre ambas piernas, con los pies mirando hacia delante. Esto permite adoptar una postura natural de pie. Meta la barbilla, enderece la nuca y apriete las nalgas. Al principio puede ser difícil de mantener, pero con el tiempo y la práctica continuada se acostumbrará. La parte superior del cuerpo debe estar erguida, no inclinada hacia delante. Las caderas deben estar ligeramente echadas hacia atrás, formando un ángulo de 45 grados con la parte superior del cuerpo.

La posición natural de pie se compone de *shinzen-hontai, migi-shizen-tai* e *hidari-shizen-tai.*

Shizen-hontai

Shizen-hontai

El *shizen-hontai* es la más natural de todas las posturas, porque es la posición en la que se está en reposo de pie. El peso del cuerpo se distribuye uniformemente mientras se mantienen los talones y las caderas alineados, de modo que ambas piernas forman un ángulo recto entre sí. Los pies deben estar separados a la anchura de los hombros y mirando hacia delante. Las rodillas deben estar ligeramente flexionadas, pero no más de 15 grados con respecto a la parte superior del cuerpo. La cabeza erguida, la barbilla apretada contra el cuello y la espalda ligeramente arqueada hacia atrás.

Migi-shizen-tai

Migi-shizen-tai

Esta postura es otra posición natural de pie en la que el peso del cuerpo se distribuye uniformemente sobre ambas piernas con el pie derecho apuntando hacia delante. Las caderas y los hombros deben estar alineados con las piernas. El pecho erguido, la barbilla metida hacia el cuello y las rodillas ligeramente flexionadas, igual que en el *shizen-hontai*.

Hidari-shizen-tai

Hidari-shizen-tai

La última postura natural de pie es *hidari-shizen-tai*, en la que se coloca el pie izquierdo hacia delante. El peso del cuerpo se distribuye uniformemente sobre ambas piernas, con las caderas y los hombros alineados, igual que en la postura *migi-shizen-tai*. La única diferencia entre estas dos posturas es que en esta se mira hacia el lado derecho en lugar de hacia delante.

Defensa en el judo

En judo, la idea de la defensa no es defenderse de un ataque, sino anular la fuerza y redirigirla para un lanzamiento. Se trata de utilizar la fuerza del oponente en su contra. La mejor manera de hacerlo es utilizar la fuerza que ejerce hacia delante en su contra.

Para evitar que el oponente lo lance, mantenga la calma y la relajación. La mayoría de las veces, su oponente se pone tenso cuando intenta ejecutar un lanzamiento, porque requiere mucho esfuerzo de su parte: es como empujar o tirar de algo con todas las fuerzas.

Si el oponente está intentando lanzarlo, procure no resistirse ni ponerse tenso, porque eso solo se lo hará más fácil, por eso mantenerse relajado y tranquilo funciona aún mejor contra un oponente más grande y más fuerte. Si lo lanza hacia atrás, asegúrese de no retroceder con el mismo pie que él (si su pie derecho está adelantado, usted debe retroceder con la pierna izquierda). Si intenta lanzarlo hacia un lado, utilice el mismo principio: dé un paso en la dirección opuesta a la que él/ella lo está intentando lanzar.

Importancia de la postura en la defensa

Cuando practique efectuar lanzamientos, tenga en cuenta que la postura es importante. Si se siente débil y no es capaz de agarrar al oponente fácilmente, puede ser porque su equilibrio no es el correcto; puede estar desequilibrado o demasiado inclinado hacia delante o hacia atrás, etc., así que asegúrese de mantenerse equilibrado cuando practique.

Posturas defensivas en judo (*jigo tai*)

Jigo tai, o posturas defensivas, son una serie de posturas que aprenderá en el entrenamiento de judo. Le permiten absorber la fuerza de un ataque y redirigirla contra su oponente. Estas posturas se utilizan para protegerse de daños o lesiones.

Hay tres posturas básicas que son: *jigo-hontai, migi-jigo-tai*, e *hidari-jigo-tai*.

En judo, la postura en la que se bajan las caderas y se abren ambas piernas se denomina *jigo-hontai*.

Jigo-hon tai

Abra bien los pies si está en la postura *migi-jigo-tai* con la pierna derecha hacia delante.

Migui-jigo-tai

Por otro lado, la postura en la que se baja el cuerpo y se abren ampliamente ambos pies desde la postura con el pie izquierdo adelantado se denomina *hidari-jigo-tai* (postura defensiva izquierda).

Hidari-jigo-tai

Suri-ashi (juego de pies)

Cuando esté aprendiendo el arte del judo, el juego de pies es crucial para el éxito. Es crucial ser capaz de moverse sin tropezar consigo mismo y colocarse en buena posición para derribar a alguien, ya sea quitándole el equilibrio o desbalanceándolo para que le resulte más difícil defenderse.

Cuando luche en el dojo, asegúrese de utilizar el juego de pies correctamente. Si no sabes qué es o cómo usar los pies correctamente para derribar a alguien en judo, pida ayuda a un compañero con más experiencia. Le podrá mostrar y enseñar todo, desde la postura y la posición adecuadas hasta las diferentes estrategias de lanzamiento.

Suri-ashi es el término utilizado para describir el juego de pies en judo. Cuando esté entrenando, no se limite a caminar. Utilice *suri-ashi* (mover los pies rápidamente deslizándolos por el suelo) en lugar de dar grandes pasos. Asegúrese de mantener la espalda recta y de no dar pasos innecesarios.

El término «*suri-ashi*» se refiere al juego de pies utilizado durante un combate o *randori* con el objetivo de mantener el equilibrio mientras se mueve.

Con el método *suri-ashi* (trabajo de pies), se evita levantar demasiado las piernas del suelo al pisar, lo que permite desplazarse rápidamente manteniendo equilibrado el peso del cuerpo.

Ayumi-ashi y *tsugi-ashi*

El término «*ayumi-ashi*» se refiere al trabajo de pies utilizado durante el *tai sabaki* (técnicas de desplazamiento del cuerpo). Permite dar pasos rápidos y grandes sin perder el equilibrio ni la postura. Se debe dar un paso adelante rápidamente deslizando los pies por el suelo para no perder el equilibrio mientras se mantiene el peso del cuerpo uniformemente distribuido.

El término «*tsugi-ashi*» es una técnica de juego de pies utilizada para avanzar rápidamente sin perder el equilibrio o la postura y se realiza deslizando los pies por el suelo en lugar de levantarlos y dar grandes pasos. Esta técnica también se conoce como «*shuffling*».

Deslice los pies por el suelo cuando luche en judo y asegúrese de mantener una postura firme. Utilizar un juego de pies y una postura adecuados le dará ventaja sobre oponentes que no sepan utilizar correctamente sus estrategias de lucha, así que pruebe diferentes posturas hasta que encuentre la que funcione mejor para usted.

Para garantizar la seguridad durante una práctica o combate de judo, asegúrese de mantener el equilibrio y la postura, así evita lesiones. También es importante conocer el juego de pies del judo, ya sea *ayumi-ashi* o *tsugi-ashi*, ¡asegúrese de practicarlos ambos!

Tai Sabaki (técnicas de descplazamiento corporal)

Una de las cosas más importantes que aprenderá en judo es el *tai sabaki*, o cómo mover su cuerpo de forma efectiva. El tipo de *tai sabaki* requerido depende de si usa lanzamientos o trabajo desde el suelo en su práctica o combate. En cualquier caso, saber cómo mover correctamente el cuerpo es una de las partes más importantes del judo.

Cuando intenta derribar a alguien, lo mejor es utilizar el *tai sabaki* para colocarse en posición de derribo. Asegúrese de mantener un buen equilibrio y una buena postura cuando utilice el *tai sabaki* durante un entrenamiento o un combate. De lo contrario, puede ser derribado fácilmente, ¡y no quiere que su oponente se aproveche de ello!

El *tai sabaki* es una parte importante del judo, así que practique diferentes técnicas hasta que encuentre la que mejor le funciona.

«*Tai-sabaki*» (japonés) se refiere a la forma en que la posición y orientación del cuerpo de un luchador cambian al realizar o recibir un *waza*.

Las cuatro técnicas fundamentales de *tai-sabaki* (desplazamiento o control del cuerpo) son:

1. *Mae-sabaki* es cuando da un paso adelante y pone su pie delante del pie de la otra persona. Un pie tiene que estar delante del adversario.

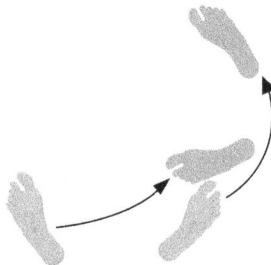

2. Ushiro-sabaki es cuando da un paso atrás con uno de sus pies, poniéndolo al lado del pie del oponente en un ángulo recto. Debe hacerlo manteniendo la posición.

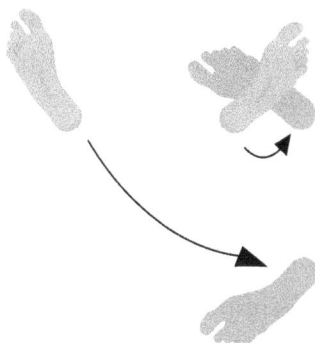

3. *Mae-mawari-sabaki* es un movimiento en el que se da un paso adelante con un pie y se gira delante del oponente.

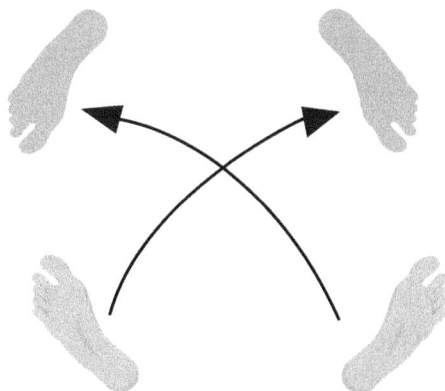

4. *Ushiro-mawari-sabaki* es un movimiento en el que desplaza un pie hacia atrás antes de girar para mirar hacia el otro lado.

Estas técnicas de *tai-sabaki* son una de las partes más importantes del aprendizaje del judo, así que asegúrese de practicarlas repetidamente hasta que se conviertan en algo natural.

Evitar lesiones al usar técnicas de *ukemi*

Es vital evitar lesiones al realizar *ukemi* (técnicas de caída) en judo. Las personas que saben hacer *ukemi* correctamente y con seguridad son capaces de evitar lesiones, mientras que quienes no saben cómo caer correctamente pueden terminar lesionándose durante una práctica o combate.

Debe aprender la forma correcta de caer cuando haga *ukemi*. Es decir, sobre su cadera o su brazo. Debe evitar a toda costa caer sobre la parte baja de la espalda ¡especialmente si es principiante!

La razón principal por la que es importante saber hacer *ukemi* correctamente es que es muy fácil lesionarse cuando no se practica de esta manera.

Consejos para *ukemi*

Comprender la postura y el equilibrio

Uno de los elementos más importantes para hacer *ukemi* es una buena postura y equilibrio.

Dependiendo de su sexo, altura, peso y complexión, puede alterar los ángulos y redondear las esquinas de su cuerpo para entrar y salir de *ukemi* hasta que esté satisfecho.

Imagine que siente la esterilla con todo su cuerpo; escuche lo que su cuerpo tiene que decir. Mientras se deja aconsejar, recuerde prestar atención a lo que le funciona y lo que no.

Relájese y respire

Estar nervioso o tenso mientras hace *ukemi* solo empeora las cosas y aumenta sus posibilidades de hacerse daño.

Si se siente tenso, relájese respirando profundamente y deje salir la tensión lentamente mientras piensa en algo que lo tranquilice.

No se resista a la técnica del *tori*

No se resista al intento del *tori* (jugador que ejecuta la técnica) de hacer un lanzamiento u otro *waza*. Si se tensa, sus posibilidades de ser contrarrestado son mucho mayores y aumentan las posibilidades de lesión de ambos jugadores.

Energía y confianza

Al hacer *ukemi*, debe estar confiado y sus acciones llenas de energía. Esto hace que sea más fácil colocarse en posición para el lanzamiento y mucho más difícil para el *tori* (jugador que ejecuta la técnica) contraatacar.

¡Practique, practique, practique!

Cuanto más practique *ukemi*, mejor será su equilibrio y su postura. También podrá saber lo que funciona para usted en términos de ángulos, velocidad, etc., de modo que resulte fácil hacer *ukemi* en cualquier momento durante un combate o entrenamiento.

Métodos de *ukemi*

Para mejorar las técnicas de *ukemi*, debe tener movimientos fluidos y dedicación, lo cual viene con la práctica. La mejor manera de aprender es practicar el *ukemi*. Empiece con una caída sentado, luego en cuclillas y, con el tiempo, vaya subiendo hasta ponerse de pie.

Hay tres tipos de caídas: en primer lugar, caer recto al suelo, repartiendo la energía a través de los brazos y las piernas; en segundo lugar, rodar en el suelo; y en tercer lugar, una combinación de las dos anteriores.

La capacidad de caer correctamente es esencial para la práctica y la competición de judo. Un error que mucha gente comete cuando hace *ukemi* por primera vez durante un combate o entrenamiento es rotar demasiado el cuerpo y girar demasiado la cabeza, lo que resulta peligroso, ya que provoca un latigazo cervical.

Aunque piense que caer es fácil, se necesita mucha práctica y paciencia para hacerlo sin lesionarse.

Mae ukemi (caída hacia adelante) y *ushiro ukemi* (caída hacia atrás)

La caída hacia adelante, o frontal, es esencial para aprender, ya que evita que su cabeza golpee el suelo si es atacado por detrás.

Se debe caer directamente hacia delante desde la posición erguida. Asegúrese de que la parte superior del cuerpo permanece rígida. No debe inclinarse hacia delante.

La cabeza se gira hacia la izquierda o la derecha y se levanta ligeramente justo antes de entrar en contacto con el suelo para evitar golpearse la cara (o la nariz) contra el suelo. Levante los brazos con los pulgares a la altura de las orejas; evite la rigidez de los brazos para evitar lesiones en los codos.

La caída hacia atrás es una técnica esencial de aprender en el judo, ya que puede dañar la espalda y la cabeza si se hace de forma incorrecta. Consiste en arrodillarse y caer rodando sobre la espalda, protegiendo la cabeza en todo momento con los brazos estirados hacia delante. Esta caída es difícil, ya que no se puede ver y corregir desde detrás de sí mismo.

Yoko ukemi (caída de costado)

Esta caída dura se practica cuando una pierna está bloqueada o raspada. Empuje una pierna hacia el lado sobre el que quiere caer. Muévala por delante del otro pie con un movimiento de raspado. Mientras lo hace, mantenga las rodillas flexionadas hasta que caiga de costado.

Debe rodar sobre el tatami con el brazo recto y plano, con la cadera por delante. Es importante mantener el ángulo del brazo con el eje del cuerpo entre 20 y 40 grados para evitar lesiones. Tenga cuidado también con las lesiones en la cabeza.

Consejos para caer de forma segura

- Asegúrese de estar relajado, pero confíe en que puede aguantar todo lo que su oponente haga.

- Practique las técnicas *ukemi* para mejorar el equilibrio y la postura. Así, también puede saber lo que funciona para usted en términos de ángulos, velocidad, etc., lo que facilitará más hacer *ukemi* en cualquier momento de un combate o entrenamiento.

- Para aprender a hacer *ukemi*, debe tener movimientos fluidos y dedicación, lo cual viene con la práctica. La mejor manera de aprender es siendo lanzado y practicando su *ukemi*. Comience con una caída desde la posición sentado, luego en cuclillas y suba poco a poco hasta ponerse de pie.

- Aunque piense que caerse es fácil, se necesita mucha práctica y paciencia para hacerlo sin lesionarse. Un error común en el aprendizaje de *ukemi* durante un combate o entrenamiento es girar demasiado el cuerpo y la cabeza, lo que resulta peligroso, ya que provoca un latigazo cervical.

- La caída hacia adelante o frontal es esencial para aprender, al igual que la caída hacia atrás, ya que evita que su cabeza golpee el suelo si es atacado por detrás. Para ello, debe caer correctamente, arrodillarse y caer rodando sobre la espalda, protegiendo la cabeza en todo momento y con los brazos recogidos por delante. También debe mantener rígida la parte superior del cuerpo y no inclinarse hacia delante, así como mantener la relación cabeza-cuello girándola ligeramente hacia un lado para que la nariz no golpee el suelo.

Otro error que comete mucha gente cuando hace *ukemi* durante un combate o entrenamiento es meter la cabeza en el pecho. Esto causa lesiones excesivas en el cuello. Para evitar este problema, debe rodar de lado con el brazo recto y plano (y la cadera primero). Tenga en cuenta que es importante mantener el ángulo del brazo con el eje del cuerpo entre 20 y 40 grados para evitar lesiones.

El judo es un deporte que requiere agilidad y resistencia. Una postura adecuada, o *shisei*, no solo lo hace más ágil, también protege su espalda de lesiones cuando se tira al suelo. Estas técnicas son esenciales para cualquier competidor de judo, ya que lo mantienen en pie sin importar cuántos lanzamientos realice su oponente durante el combate. Asegúrese de practicar las posturas y movimientos básicos de judo mientras entiende qué funciona mejor para usted al practicar *ukemi*. Una vez que domine estas técnicas, sabrá qué ángulos y velocidades funcionan mejor para usted al hacer *ukemi*. Tenga por seguro que, aunque no parezcan fáciles al principio, el dominio de estas técnicas llegará con el tiempo, la dedicación y, lo más importante: ¡la práctica!

Capítulo 4: *Te waza*: Técnicas de manos

Las *nage waza* son un tipo de técnicas de lanzamiento en judo. Incluyen raspados, levantamientos, zancadillas, agarres y otras técnicas de sumisión. *Te waza* es el nombre que reciben las técnicas de derribo que implican el uso de las manos o los brazos. Después de derribar a un oponente con los brazos, inmediatamente tiene el control de él mientras está en el suelo o intentando levantarse.

Como ya se ha dicho, en judo no hay reglas sobre cómo lanzar a un oponente. Solo hay un objetivo: tirarlo al suelo. Sin embargo, a veces los lanzamientos estándar no funcionan para oponentes más grandes. Si este es el caso, puede recurrir a las técnicas *te waza*. Se consideran más seguras que las *nage waza* porque no requieren contacto con todo el cuerpo. En este capítulo, se profundiza en los detalles de las técnicas *te waza*, que pueden utilizarse para controlar o incluso derribar a oponentes más grandes y fuertes. También se cubren las quince técnicas de *te waza*.

Te waza y nage waza

Te waza es la primera de las tres categorías principales del judo *kodokan* y fueron creadas por Jigoro Kano. Consta de treinta y seis técnicas o *waza*, que se ejecutan desde una posición de pie con el oponente desequilibrado. La principal diferencia entre las *te waza* y las otras dos técnicas de judo es que esta categoría no incluye ningún trabajo desde el suelo o en la colchoneta.

La idea detrás de las *te waza* es utilizar los brazos o manos de forma segura para usted y peligrosa para su oponente. Si puede controlar el equilibrio de su oponente sin usar sus piernas, no habrá nada que él pueda hacer para contrarrestar el lanzamiento. Después de ganar control sobre él, tirarlo al suelo resulta extremadamente fácil.

Esto es completamente diferente en el *nage waza*, que requiere contacto de todo el cuerpo. Si su oponente no cae, queda libre para contraatacar. En cambio, si lanza a su oponente con *te waza*, no habrá nada que él pueda hacer una vez que usted tome el control de su equilibrio. Esto le permite inmovilizarlo o hacer cualquier otra cosa que desee.

El objetivo de las *te waza* es simple. Controle a su oponente antes de que él lo controle a usted. Tener siempre un equilibrio perfecto le permite luchar contra oponentes de cualquier tamaño, aunque sean más grandes que usted. Las técnicas de *te waza* aumentan en gran medida sus posibilidades de ponerse en control en una situación de agarre.

Técnicas de *te waza*

Hay un total de quince técnicas de *te waza* para derribar a un oponente. Las tres primeras le permiten derribar con seguridad y facilidad, incluso a los adversarios más fuertes. Las doce siguientes funcionan mejor contra personas de estatura normal que ya han sido derribadas.

1. *Kata guruma* (giro de hombro)
2. Esta técnica básica de *te waza* se realiza a partir del *kata kumi*. Para desglosarla un poco más, puede hacer un *harai goshi* estándar con su pierna derecha, después de girar hacia su lado izquierdo y luego lanzar al oponente sobre su espalda. El movimiento de rotación le permitirá agarrarlo fácilmente levantándolo por debajo del hombro para que no pueda resistirse.
3. *Morote seoi nage* (lanzamiento de hombros a dos manos)
4. La segunda técnica se realiza de forma similar al *ippon seoi nage*. Puede utilizar ambas manos para agarrar al oponente por el cuello y luego lanzarlo sobre su cuerpo con la ayuda del impulso. Esto será más fácil si ya lo ha desequilibrado o derribado atrapando uno de sus brazos detrás de su espalda.

5. *Tai otoshi* (caída corporal)

6. La tercera técnica es un poco más peligrosa. Se realiza atrapando uno de los brazos de su oponente contra su espalda, levantándolo con ambas manos y lanzándolo por encima de su cuerpo. Esto es extremadamente fácil si están inclinados hacia delante, lo que lo hace perfecto para competencias de judo.

7. *Morote gari* (siega de doble pierna)

8. Esta técnica de *te waza* es un poco más difícil de realizar porque se hace desde los pies. Sin embargo, es extremadamente fácil si ya tiene a su oponente de rodillas o boca abajo, ya que resulta más fácil atrapar uno de sus brazos debajo de su pierna. Después de eso, solo necesita empujar un poco y que él tire para que caiga de espaldas.

9. *Ippon seoi nage* (lanzamiento de hombro con una mano)

10. Al igual que las otras técnicas *seoi nage*, este es un lanzamiento bastante básico. Se puede hacer desde un *harai goshi* estándar, que le permite levantar el brazo del oponente por debajo de su hombro. Después, todo lo que tiene que hacer es agarrar su otra mano y lanzarlo de espaldas. Esta técnica funciona mejor contra oponentes débiles que no esperan ser lanzados.

11. *Sukui nage* (lanzamiento de pala)

12. Esta técnica es extremadamente útil porque puede realizarse desde casi cualquier posición. Si tiene a su oponente atrapado con los brazos, todo lo que tiene que hacer es recogerlo y luego lanzar su centro de gravedad sobre su hombro. También puede hacerle una zancadilla en la pierna para que caiga de rodillas. Las posibilidades son infinitas, lo que lo convierte en uno de los favoritos de los judocas.

13. *Obi otoshi* (caída de cinturón)

14. Esta técnica de *te waza* se realiza mejor cuando tiene a su oponente contra la pared. Cualquier momento en que sus pies no estén en el suelo será útil, pero también puede hacerlo cuando esté parado en una pierna. Para quebrarlo aún más, agárrelo por el cinturón con ambas manos y luego empújelo hacia atrás y lejos de usted. Así es más fácil desequilibrarlo, derribarlo y caer sobre él.

15. *Kibisu gaeshi* (inversión de talón)

16. Se realiza lanzando al oponente por el talón despues de tumbarlo de espaldas. Solo funciona bien si hay suficiente espacio para agarrar el talón con una mano. Una vez hecho esto, solo es cuestión de sentarse derecho, levantarlo por el talón y lanzar su centro de gravedad sobre su estómago.

17. *Kuchiki taoshi* (caída del árbol muerto)

18. Esta técnica se realiza agarrando uno o los dos brazos de su oponente con sus piernas antes de tirar de él hacia usted. Esto hace que sea extremadamente fácil derribarlo y aterrizar encima de él. Si lo hace correctamente, acabará sentado con el oponente boca arriba mientras tiras de él hacia usted.

19. *Morote gari* (siega a dos manos)

20. Esta técnica de derribo se realiza lanzando al oponente por encima del hombro después de atrapar uno de sus brazos. Es fácil de hacer, porque solo necesita uno de sus brazos para bloquear el del oponente y luego recogerlo cuando esté desequilibrado. Siéntese recto, tire de él por encima de su hombro y aterrice sobre él.

21. *Sumi otoshi* (caída de esquina)

22. Se realiza lanzando al oponente hacia un lado después de atrapar su brazo. Todo lo que tiene que hacer es hacerlo tropezar para que pierda el equilibrio y tirar de él sobre su cuerpo. Esto hará que sea fácil caer encima de él mientras está de espaldas. Después de eso, solo tiene que sentarse recto para obligarlo a voltear.

23. *Uki otoshi* (caída flotante)

24. Se ejecuta tirando de su oponente sobre su hombro después de atrapar su brazo. Tendrá que ser rápido para desequilibrarlo y tirar de su brazo antes de que pueda agarrarse de la colchoneta. Una vez hecho esto, siéntese recto y tire de él por encima del hombro para lanzarlo de espaldas. Puede aumentar la potencia tirando hacia arriba con ambos brazos.

25. *Uchimata sukashi* (deslizamiento interior del muslo)

26. Esta técnica de *te waza* se realiza tirando de su oponente sobre su cadera después de hacer tropezar su pierna. Esto hará que sea fácil desequilibrarlo y tirar de él sobre su cadera mientras se sienta recto. Entonces, puede aterrizar directamente encima de él

con una pierna entre las suyas o ambas piernas fuera de las suyas. Con cualquiera de las dos técnicas, acabará sentado sobre él mientras está de espaldas.

27. *Yama arashi* (tormenta de montaña)

28. Esta técnica de *te waza* se realiza atrapando uno o ambos brazos del oponente antes de tirar de él sobre su cadera. Esto le permite desequilibrarlo fácilmente y tirarlo de espaldas. También funciona si el rival tiene ambos brazos sobre sus hombros, porque puede simplemente tirar de él sobre un costado de su cuerpo.

29. Seoi otoshi (caída de hombro)

30. La última técnica de *te waza* se realiza tirando a su oponente de lado después de atrapar uno de sus brazos. Simplemente agárrelo por el brazo y tire de él sobre su cuerpo para ponerlo de lado. Todo lo que tiene que hacer a partir de ahí es sentarse recto para un lanzamiento fácil. Debe poner sus caderas debajo de él antes de que toque el suelo.

Dado que *te waza* es la primera categoría importante en judo, debe dominarla antes de pasar a otras. Practicar estas técnicas aumentará sus habilidades generales en judo y lo preparará para estudiar técnicas de lanzamiento más complejas como *Osaekomi waza*. Lo más importante que debe recordar para hacer *te waza* es que siempre debe intentar atrapar los dos brazos del oponente antes de lanzarlo para que no pueda agarrarse de la colchoneta. Si consigue inmovilizarle ambos brazos antes de lanzarlo, el lanzamiento será sin duda más fácil de realizar.

Las quince técnicas, o *waza*, de este capítulo se realizan atrapando uno o ambos brazos del oponente antes del lanzamiento. Están pensadas para realizarse desde una posición de pie con el oponente desequilibrado, lo que facilita derribarlo y caer directamente sobre él. Las quince técnicas se mezclan a menudo para formar combinaciones más eficaces, fluyendo suavemente de una técnica a la siguiente. Debería ser fácil encontrar una técnica de *te waza* que funcione bien con su tipo de cuerpo particular y su nivel de conocimientos de judo.

Capítulo 5: *Koshi waza*: Lanzamientos de cadera

La idea principal de los *koshi waza* es romper el equilibrio del oponente tirando de él hacia usted y lanzándolo hacia abajo con la ayuda de su cadera. Los *koshi waza* se realizan normalmente desde una posición estática o durante un *tai-otoshi*, pero también se pueden utilizar como técnicas de contraataque después de haber sido lanzado incorrectamente. Este capítulo explica el objetivo principal y los movimientos adecuados de las once técnicas de *koshi waza*.

Fundamentos de *koshi waza*: Lanzamientos de cadera

Este grupo de técnicas se utiliza para lanzar al oponente utilizando la cadera como fuerza motriz. Cuando un practicante de judo se inicia, koshi guruma es la primera técnica que aprende. Es importante aprender *koshi waza* desde el principio porque sirven como base para aprender más fácilmente los *waza* posteriores. Usando los *koshi waza*, puede ejecutar técnicas poderosas que hacen parecer que estuviera «empujando» al oponente. La fuerza para ejecutar estas técnicas proviene de todo su cuerpo, no solo de sus brazos. En lugar de utilizar la fuerza de los brazos, utiliza todo el cuerpo para ejecutar estas técnicas de cadera. Puede utilizar los *koshi waza* como técnicas de lanzamiento o técnicas de contraataque después de ser lanzado.

Para todos los *koshi waza*, lo primero que debe hacer es agarrar el cuerpo del oponente con las dos manos. Se comienza agarrando la ropa del oponente. Sin embargo, no se trata del agarre tradicional llamado «*sumi-kakae*» (agarre *sumi* de esquina). Debe agarrar la solapa de su oponente con la mano que bloquea y la manga de su oponente con la otra. Tenga cuidado de no cambiar el agarre tradicional *sumi-kakae* mientras realiza *koshi waza*, o se convertirá en una técnica diferente.

Para algunos de los *waza*, debe romper el equilibrio de su oponente dando un paso y bloqueando al rival con el mismo pie. Lo primero que debe hacer es dar un paso en diagonal hacia delante con el pie derecho. Si quiere lanzar a su oponente con la cadera, debe colocar rápidamente el pie izquierdo en el suelo para utilizar la cadera como fuerza motriz. Si es necesario, debe bloquear el pie derecho del adversario con su pie izquierdo.

Luego, debe intentar agarrar el cinturón o el pantalón del adversario con la mano derecha y mantener el brazo izquierdo estirado. A continuación, mientras utiliza la mano derecha y el pie izquierdo como guía para bloquear el pie del adversario, debe tirar de él hacia usted. luego, debe utilizar la mano derecha y la cadera para lanzar al adversario.

Al lanzar al adversario, puede levantarlo y lanzarlo hacia abajo (*kata-guruma*) o lanzarlo directamente al suelo (*uki-goshi*). Al ejecutar *kata-guruma*, debe intentar levantar al oponente y lanzarlo directamente hacia abajo. Al ejecutar *uki-goshi*, primero debe elevar a su oponente, pero en lugar de lanzarlo directamente hacia abajo, debe saltar y lanzarlo hacia un lado.

Técnicas de *koshi waza*

Existen once técnicas de *koshi waza*, que se explican a continuación, junto con las reglas para realizarlas. Es importante recordar que, con unos pequeños cambios, puede utilizar estas técnicas de infinitas maneras. Esto es parte de la belleza del judo.

1. *Daki-age* (levantamiento alto)

   Esta técnica se aplica levantando a su oponente y luego lanzándolo directamente hacia abajo. Sin embargo, el *daki-age waza* comienza agarrando los hombros o las mangas del oponente y puede aplicarse de muchas formas. Una vez que ha agarrado a su oponente, debe utilizar la fuerza de sus brazos para levantarlo. A continuación, mientras mantiene el agarre con ambas manos, debe levantar a su oponente recto hasta el nivel de sus hombros. El siguiente paso consiste en levantar rápidamente la pierna izquierda sin dejar de sujetar al adversario. Ahora debe aterrizar sobre su pie izquierdo mientras lanza al oponente hacia abajo con la ayuda de su cadera.

2. *Hane goshi* (lanzamiento de rebote de cadera)

Esta técnica debe aplicarse en posición de pie, con el pie izquierdo hacia delante y el derecho hacia atrás. Debe agarrar los hombros o las mangas del adversario con las manos. El siguiente paso es utilizar la mano exterior para tirar del adversario rápidamente hacia usted utilizando la mano derecha. La mano derecha debe moverse en un pequeño movimiento circular, siendo su codo el centro para romper el equilibrio del oponente con su tirón. A continuación, debe utilizar la cadera para lanzar al adversario.

3. *Harai goshi* (lanzamiento amplio de cadera)

Esta técnica se aplica de forma muy similar al *hane goshi*. Debe agarrar la solapa izquierda del oponente con su mano derecha, la mano exterior. A continuación, debe agarrar la manga del oponente con la mano de bloqueo. El brazo derecho actúa como fuerza motriz de esta técnica, por lo que debe tirar de su oponente hacia usted girando la mano derecha en un movimiento circular. Cuando haya tirado del oponente, tiene que aplicar el *harai goshi* utilizando su cadera para lanzar al oponente.

4. *Koshi guruma* (lanzamiento de giro de cadera)

Para realizar con éxito el *koshi guruma*, debe estar de pie con el pie izquierdo hacia delante y el derecho hacia atrás. Debe agarrar el cinturón o los pantalones de su oponente con ambas manos. El siguiente paso es bloquear rápidamente el pie izquierdo del oponente con su propio pie izquierdo. A continuación, debe lanzar al adversario utilizando la cadera y la mano derecha. No debe utilizar los brazos para levantar al adversario, sino mantenerlos lo más cerca posible del suelo. La rotación se produce alrededor de un eje que pasa por la pierna de su oponente y su propio cuerpo. *Koshi guruma* es una técnica difícil de realizar, pero es posible para alguien con buena fuerza física y flexibilidad.

5. *O goshi* (lanzamiento mayor de cadera)

Esta técnica es muy similar al *koshi guruma*. La única diferencia es que *o goshi* no bloquea el pie del oponente para lanzarlo. *O goshi* es una técnica suave, a la que puede ser difícil acostumbrarse para quien está habituado a lanzar a los oponentes con fuerza. Sin embargo, es muy eficaz para lanzar a niños u oponentes más pequeños. Todo lo que tiene que hacer es tirar del oponente hacia usted utilizando los brazos. Debe tirar de ellos hacia arriba y luego mover rápidamente un pie hacia delante mientras lanza al oponente al suelo sobre su rodilla.

6. *Sode tsurikomi goshi* (lanzamiento de cadera con levantamiento y tirón de mangas)

Esta técnica se aplica agarrando la manga izquierda del oponente con la mano izquierda y la parte posterior del cuello o cinturón del oponente con la mano derecha. La mano derecha es la fuerza motriz de esta técnica, por lo que debe tirar del oponente hacia usted utilizando el codo como centro y girando la mano derecha en círculo. A continuación, debe tirar de su oponente mientras utiliza la cadera para derribarlo.

7. *Tsuri goshi* (lanzamiento de cadera con levantamiento)

Este lanzamiento es casi idéntico al *sode tsurikomi goshi*. Sin embargo, en este caso, debe agarrar el cinturón del oponente con su mano izquierda y la parte posterior de su cuello con la mano derecha. Una vez más, la mano derecha es la fuerza motriz de esta técnica, y debe tirar de su oponente hacia usted utilizando su codo como centro y rotando su mano derecha en un movimiento circular. Luego debe lanzar a su oponente hacia el suelo, utilizando su cadera como punto de pivote.

8. *Tsurikomi goshi* (lanzamiento de cadera con levantamiento y tirón)

Tsurikomi goshi es una variación de la técnica *sode tsurikomi goshi*. En este caso, agarra la manga de su oponente con la mano izquierda y la parte posterior de su cinturón o cuello con la mano derecha. A continuación, tira del oponente hacia usted utilizando el codo como centro y girando el brazo derecho en un movimiento circular. A continuación, debe levantar a su oponente y tirar de él hacia abajo para lanzarlo.

9. **Uki goshi (lanzamiento de cadera flotante)**

Esta es una técnica muy tradicional, y normalmente solo se enseña a los cinturones negros. Es un lanzamiento de cadera más difícil de realizar, por lo que no debería intentarlo hasta que esté muy familiarizado con los fundamentos. *Uki goshi* se realiza agarrando el cinturón del oponente con la mano derecha. Luego debe tirar del oponente hacia usted, levantando su pierna izquierda en el aire. Después de eso, mueva rápidamente su pie derecho al exterior del pie izquierdo de su oponente para lanzarlo al suelo.

10. *Ushiro goshi* (lanzamiento trasero)

Normalmente se enseña a los cinturones blancos. Debe colocarse detrás de su oponente, con los brazos alrededor del cuerpo y la espalda arqueada un poco hacia atrás. Después, debe levantarlo en el aire utilizando la cadera y lanzarlo al suelo por encima del hombro. No debe doblar las rodillas al realizar el *ushiro goshi*, y debe mantener los pies en la misma posición durante toda la ejecución.

11. *Utsuri goshi* (lanzamiento de cadera con giro)

Este es otro lanzamiento de cadera que no se enseña hasta que alguien llega al cinturón negro. Es una técnica difícil de aprender y de ejecutar porque se basa en movimientos muy sutiles. Primero debe tirar de su oponente hacia usted utilizando su hombro o muñeca, forzándolo a cambiar su peso sobre una pierna para que se incline hacia usted. Después, debe levantarlo y desplazar sus caderas hacia el exterior de su pierna para tirarlo al suelo.

Los *koshi waza* (lanzamientos de cadera) en el judo utilizan la cadera como punto de giro y requieren que rompa el equilibrio de su oponente. La técnica principal en todos los lanzamientos de cadera enumerados anteriormente consiste en tirar y luego derribar al oponente utilizando la cadera. los lanzamientos de cadera pueden ser muy difíciles de aprender y ejecutar, por lo que solo se enseñan cuando se ha superado la fase de principiante. Debe centrarse en perfeccionar los fundamentos antes de intentar cualquiera de estas técnicas avanzadas. Todas estas técnicas, a excepción del *ushiro goshi* y *utsuri goshi*, pueden ser ejecutadas tanto por hombres como por mujeres. Puede realizar cualquiera de estas técnicas de judo en cualquier nivel competitivo, y son muy útiles en los combates. Como siempre, es esencial practicar estas técnicas con un entrenador de judo capacitado para asegurarse de realizarlas correctamente. Una vez que domine los lanzamientos de cadera, pueden constituir un medio muy eficaz de defensa personal.

Capítulo 6: *Ashi waza*: Técnicas de pies

Ashi waza es una categoría de técnicas de judo que incluye lanzamientos de raspado, enganche y siega, así como lanzamientos de sacrificio. El término *ashi waza* puede descomponerse en dos palabras: «*ashi*», que significa pie, y «*waza*», que significa técnica. Por lo tanto, *ashi waza* puede traducirse como técnicas de pie. Este capítulo se centra en las 21 técnicas de pie reconocidas por la Federación Internacional de Judo (FIJ).

Principio fundamental de *ashi waza*

El principio principal detrás de cualquier técnica de *ashi waza* es desequilibrar al oponente utilizando raspados de pie, movimientos de enganche, o movimientos de siega. Una vez que el oponente ha sido desequilibrado, debe ser lanzado o inmovilizado contra el suelo. Como su nombre indica, las *ashi waza* implican el uso de los pies en lugar de las manos para derribar al oponente. Existen 21 técnicas reconocidas de *ashi waza*. Estas incluyen todos los lanzamientos de sacrificio, raspados, movimientos de enganche y movimientos de siega. Aunque muchas de estas técnicas son similares a las de mano de *katame waza*, siguen siendo únicas e importantes de aprender.

Ashi waza de judo: Lista de técnicas de pies

Las siguientes son las 21 técnicas de *ashi waza* d judo reconocidas por la FIJ. Cada una de estas técnicas debe ser practicada en dos fases distintas: el ataque y la ejecución. El ataque es cuando raspa o engancha el pie de su oponente para desequilibrarlo. La ejecución es cuando se presiona el pie del oponente, se aplica una técnica de derribo y se tira al oponente al suelo.

1. *Hiza guruma* (giro de rodilla)

   Esta técnica consiste en raspar o enganchar el pie adelantado del adversario con la pierna adelantada. Raspe el pie hacia fuera en un movimiento circular mientras presiona el pie adelantado con el arco de la pantorrilla de su pierna del mismo lado. Raspe el pie adelantado del oponente hacia su pecho mientras lanza su otra pierna sobre la pierna adelantada del oponente.

2. *Kosoto gake* (gancho pequeño exterior)

   Este movimiento consiste en enganchar la parte exterior del pie adelantado del oponente con la pierna adelantada. Enganche el pie de su oponente justo por encima o por debajo del tobillo con el empeine de su pie. Es importante mantener las manos en el pecho o los hombros del oponente mientras engancha su pie. Luego, lance a su oponente hacia atrás.

3. *Kosoto gari* (gancho pequeño interior)

   Esta secuencia es similar al *kosoto gake*, pero su oponente no tiene las manos en el suelo. Usando su pierna adelantada, raspe el pie exterior de su oponente a la altura del tobillo o más arriba de la espinilla. Raspe el pie de su oponente con un movimiento hacia abajo mientras mantiene el contacto entre su pecho y la espalda de su oponente. Luego, raspe a su oponente hacia atrás y hacia el suelo

4. *Kouchi gari* (Siega menor interior)

   Esimilar al *kosoto gari*, excepto que el pie adelantado de su oponente está en el interior de su cuerpo. Raspe hacia abajo el pie exterior de su oponente con su pierna adelantada. Deslice el pie hacia adentro y hacia afuera como si lanzara un *sumi gaeshi* (lanzamiento invertido de esquina). Con este lanzamiento, el oponente estará de espaldas a usted, y usted estará mirando hacia su lado opuesto. Antes de lanzarlo, inclina la parte superior del cuerpo hacia delante del oponente de forma que quede paralelo al suelo.

5. *Guruma* (gran giro)

Se realiza balanceando la pierna adelantada de su oponente con su pierna trasera. Mantenga las manos sobre los hombros o el pecho del oponente mientras raspa el pie de su oponente con un gran movimiento circular. Empuje o tire del raspado y luego láncelo hacia abajo. Recuerde mantener las caderas alejadas de las del oponente al realizar esta técnica.

6. *Okuriashi harai* (continuación del raspado de pie)

Esta técnica se realiza raspando el pie adelantado de su oponente con la parte posterior de la pantorrilla de su pierna del mismo lado. Gire hacia el pie adelantado del oponente con la pierna adelantada. Raspe el pie delantero del oponente rápidamente para desequilibrarlo mientras mantiene sus manos en su pecho u hombros.

7. *Ouchi gari* (siega mayor interior)

Es similar al *kouchi gari*, excepto que su oponente estará mirando en la dirección opuesta. Raspe hacia abajo el pie interior de su oponente con su pierna trasera. Raspe el pie hacia dentro y hacia atrás, lanzando a su oponente de nuevo a la colchoneta. Antes de lanzarlo, incline la parte superior de su cuerpo delante de su oponente de forma que quede paralelo al suelo. Su brazo del lado opuesto debe estar presionado contra su cuerpo para apoyo y equilibrio.

8. *Ouchi gaeshi* (inversión mayor interior)

Es similar al *ouchi gari*, excepto que lanza a su oponente por encima de su hombro opuesto. Raspe hacia abajo el pie interior de su oponente con su pierna trasera. Raspe el pie de su oponente hacia adentro y hacia atrás, girando su cuerpo mientras lo raspa de sus pies. Esto hará que su oponente caiga sobre la parte superior de la espalda y los hombros.

9. *Osoto gari* (siega exterior mayor)

Esta técnica es similar al *kosoto gari*, excepto que en este movimiento raspa el pie adelantado de su oponente con su pierna trasera y mirando en la dirección opuesta. Es importante mantener las manos sobre el pecho o los hombros del oponente mientras raspa su pie. Raspe el pie adelantado de su oponente hacia fuera con un movimiento circular mientras mantiene su pie exterior pegado a la colchoneta. Debe mantener el contacto entre su pecho y la espalda del oponente mientras raspa su pie hacia fuera para desequilibrarlo. Mientras raspa a su oponente, incline hacia delante la parte superior de su cuerpo de forma que quede paralelo al suelo.

10. *Osoto gaeshi* (contraataque *osotogari*)

Esta técnica se realiza raspando el pie adelantado de su oponente con su pierna trasera mientras él está mirando en la dirección opuesta. Mantenga el contacto entre su pecho y la espalda del oponente mientras raspa su pie adelantado. Balancee el pie del adversario hacia fuera, tirándolo a la colchoneta. Mientras raspa a su oponente, incline hacia delante la parte superior de su cuerpo hasta quedar paralelo al suelo.

11. *Osoto guruma* (giro exterior más grande)

Al raspar la pierna adelantada del oponente, raspe con su pierna trasera del mismo lado y gire 180 grados. Es similar al *osoto gaeshi*, excepto que está dando la espalda al oponente. Presione el brazo contrario contra el cuerpo para mantener el equilibrio y el apoyo. Esta técnica es útil si se enfrenta a un oponente con una fuerte defensa, ya que será incapaz de detener o contrarrestar su raspado.

12. *Osoto otoshi* (caída exterior más grande)

En este movimiento, debe balancear la pierna adelantada de su oponente con la pierna trasera del mismo lado. Al igual que en el *osoto gari*, raspe hacia abajo el pie adelantado de su oponente con su pierna adelantada. Sin poner energía en el raspado, junte rápidamente ambas piernas y gire ligeramente para raspar el pie delantero de su oponente. Mantenga su peso hacia delante mientras se mueve, balanceando el pie y cayendo sobre una rodilla para apoyarse. Mientras raspa, inclínese ligeramente hacia delante con la parte superior del cuerpo para hacer que su oponente caiga encima de usted.

13. *Sasae tsurikomi ashi* (levantamiento y tirón de apoyo de tobillo)

Esta técnica se utiliza cuando su oponente está parado o se

mueve hacia usted. Al igual que en el *kouchi gari*, raspe la parte interior del pie adelantado de su oponente con su pierna trasera, tirando de él hacia arriba y hacia atrás para desequilibrarlo. Raspe el pie hacia dentro y hacia atrás. Incline la parte superior de su cuerpo delante de su oponente. Mantenga las manos sobre el adversario, utilizándolas para desequilibrarlo o como apoyo si es necesario.

14. *Tsubame gaeshi* (vuelo invertido)

Este *ashi waza* se hace raspando la pierna adelantada del oponente hacia el lado contrario. Enganche el pie adelantado del oponente con su pierna trasera, raspándolo hacia fuera y hacia un lado. Baje su cuerpo inclinándose en la misma dirección que raspa. Baje aún más después del raspado, enviando a su adversario hacia fuera y por encima de usted. Tire del cuerpo del adversario hacia usted con el brazo del mismo lado mientras mantiene el contacto con su espalda para mantener el equilibrio.

15. *Uchimata* (lanzamiento de muslo interior)

En este, su oponente tiene su peso centrado sobre la pierna delantera. Raspe el pie adelantado del oponente con su pierna trasera, raspándolo hacia dentro y hacia atrás. Esto desequilibra a su oponente y lo deja de espaldas. Inclínese hacia delante con la parte superior del cuerpo para añadir dificultad al lanzamiento. Mantenga el contacto entre su pecho y la espalda del adversario y utilice el brazo opuesto para apoyarse. Mantenga al oponente cerca de usted mientras cae para desequilibrarlo aún más y reducir las posibilidades de un contraataque.

16. *Ashi guruma* (giro de pierna)

Su oponente está en posición de frente. Balancee el pie adelantado del oponente con su pierna trasera, tirando de él hacia fuera y alrededor de usted. Mantenga al oponente cerca de usted mientras cae de espaldas, manteniendo el contacto entre tu pecho y su espalda.

17. *Deashi harai* (raspado de pie hacia adelante)

Cuando su oponente está de pie con su peso centrado sobre sus pies, raspe su pie adelantado hacia el interior con su pierna trasera y tire de él hacia delante y arriba, de manera que ambos caigan al suelo. Incline ligeramente la parte superior de su cuerpo hacia su espalda para controlar el raspado. Raspe lo suficientemente alto para asegurarse de que su oponente no pueda agarrarle la pierna al bajar.

18. *Hane goshi gaeshi* (contraataque de rebote de cadera)

Esta técnica se utiliza cuando su oponente lo raspa con su pie adelantado. Raspe la parte exterior de su pierna adelantada hacia dentro, hacia el centro de su cuerpo. Baje la parte superior del cuerpo y las caderas para dificultar el lanzamiento del oponente. Utilice el impulso del raspado de la pierna adelantada para lanzar a su oponente más allá de usted y desequilibrarlo.

19. *Harai goshi gaeshi* (contraataque de raspado de cadera)

Esta técnica se utiliza cuando su oponente lo raspa con su pierna trasera. Enganche el interior de su pierna adelantada hacia dentro, hacia el centro de su cuerpo. Mantenga sus manos en sus caderas para desequilibrarlo y completar el lanzamiento. Esta técnica no requiere que usted haga ningún movimiento hacia atrás.

20. *Harai tsurikomi ashi* (raspado con levantamiento y tirón de pie)

Esta técnica se utiliza cuando su oponente está desequilibrado o raspando desde el otro lado. Raspará el interior de su pierna adelantada justo por debajo de la rodilla con su pierna trasera. Realice un raspado recto hacia dentro y hacia arriba, manteniendo la mayor parte de su peso sobre la pierna trasera. Mantenga las manos en las caderas del oponente para ayudar a desequilibrarlo y completar el lanzamiento.

21. *Hiza guruma* (giro de rodilla)

Su oponente estará desequilibrado o de pie. Raspe la parte exterior de su pierna trasera con su pierna adelantada, tirando de ella hacia atrás y hacia arriba. Mantenga su mano adelantada sobre su hombro para controlarlo mientras raspa, asegurándose de mantener parte de su peso sobre la pierna trasera durante el raspado. Una vez que la pierna de raspado está detrás, utilice el brazo opuesto para tirar del cuerpo de su oponente y llevarlo hacia su espalda.

Las *ashi waza* son útiles para hacer sus lanzamientos más efectivos y desequilibrar al oponente. Entrenar con un compañero y añadir poco a poco más velocidad a sus derribos le ayudará a desarrollar el control corporal y la sincronización necesarios para este eficaz estilo de derribo. En este capítulo se explican 21 de las *Ashi Waza*, o técnicas de pie, más comunes. Se explora el principio fundamental de estas técnicas y se explica cómo aplicarlas en la práctica. Esto incluye los principios de raspar, segar, enganchar y contrarrestar. Es útil que aprenda estas técnicas si planea participar en competencias de judo o quiere aprender lanzamientos efectivos.

Capítulo 7: *Sutemi waza*: Técnicas de sacrificio

En judo, *sutemi waza*, término japonés para las técnicas de sacrificio, entra dentro de la categoría de técnicas de lanzamiento, o *nage waza*. Una técnica de sacrificio consta de dos componentes, el *tori* y el *uke*.

El *tori* es el luchador que ejecuta la técnica, y el *uke* es el oponente que recibe el ataque. Para ejecutar una técnica de sacrificio, el tori envuelve el cuerpo del uke alrededor del suyo y cae junto con el *uke*.

El término «*sutemi*» puede traducirse como «tirar la semilla». Sin embargo, se traduce más comúnmente como «sacrificio». La palabra «*waza*» se refiere a una técnica, particularmente una de lanzamiento. El nombre ilustra el hecho de que un judoca debe lanzarse sobre su espalda, sacrificando su equilibrio para realizar el lanzamiento.

Los lanzamientos de sacrificio son útiles cuando ambos oponentes caen al suelo y como estrategia en la lucha libre. Los lanzamientos de sacrificio son una forma rápida de dar vuelta a una situación.

Algunos movimientos de *sutemi waza* no son tan poderosos como el *uke waza*, que también se conoce como técnica flotante. En cambio, otros movimientos, como el *tomoe nage*, o el lanzamiento en círculo, pueden ser muy poderosos.

Los *sutemi waza* se dividen a su vez en dos grupos: *ma-sutemi waza* y *yoko-sutemi waza*. Los *ma-sutemi waza* son lanzamientos de sacrificio traseros, mientras que *yoko-sutemi waza* son lanzamientos de sacrificio laterales.

En este capítulo se profundiza en las técnicas de sacrificio de judo. También se discute la importancia de *ukemi* y se explica cómo las técnicas de sacrificio pueden ser perjudiciales si no se realizan correctamente. Encontrará una lista de los diferentes *ma-sutemi waza* y *yoko-sutemi waza*, así como una explicación de cómo se realizan.

Ukemi en los *sutemi waza*

Las técnicas de *sutemi waza* requieren que el practicante se lance intencionadamente al suelo junto con su oponente. Si no se hace correctamente y con cuidado, el daño que sufre el atacante puede ser similar al del oponente.

En cualquier disciplina de lucha, los practicantes siempre tienen un plan o estrategia. Además de estos factores, el luchador debe tener en cuenta la caída cuando planea realizar un *sutemi waza*.

Ukemi, que ha sido explicado previamente, es la forma correcta de caer, y es muy importante para prevenir lesiones. Practicar *ukemi* es una parte importante del aprendizaje y ejecución de *sutemi waza*. La aplicación de esta técnica debe convertirse en un movimiento instintivo, lo cual se hace posible gracias a la memoria muscular.

El *ukemi* puede ser practicado generalmente en cuatro direcciones, como se explicó en un capítulo anterior. Estas son: *ushiro ukemi*, caídas hacia atrás; *mae ukemi*, caídas hacia adelante, y *yoko ukemi*, caídas del lado derecho e izquierdo. Esto significa que siempre hay una manera de frenar la caída, independientemente de si se decide hacer el *ma-sutemi waza* o el *yoko-sutemi waza*.

El desarrollo de grandes habilidades de *ukemi* requiere mucha práctica y repetición, y esta repetición lo convertirá en un buen judoca, porque las técnicas de *ukemi* son la clave de las habilidades del judo. No solo ayudan a ejecutar correctamente y con seguridad los *sutemi waza*, sino que también ayudan a recuperarse fácil y rápidamente de los ataques del oponente.

Riesgos potenciales

Los movimientos *sutemi waza* funcionan gracias al impulso del oponente. Al ejecutar el movimiento, el luchador no intenta detener al oponente. Lo que hace es aceptar su impulso y utilizarlo en su propio beneficio. Redirige los esfuerzos del adversario, utilizando su movimiento y equilibrio.

Estos lanzamientos, cuando se hacen de forma incorrecta o dubitativa, pueden ser muy peligrosos. Esto se debe a que el atacante debe colocarse en una posición de desventaja; esta es la parte de sacrificio de la técnica. Si se aplica una técnica de caída defectuosa, los resultados pueden ser devastadores. Del mismo modo, la indecisión da poder al oponente. Dado que la posición del atacante en *sutemi waza* no es la ideal, ser lento o vacilante da más ventaja al adversario.

Aunque pueden ser arriesgados, los *sutemi waza* son relativamente fáciles de hacer. El impulso que proviene de la caída del cuerpo añade mucha potencia al lanzamiento. Esto significa que se requiere muy poca fuerza, por sorprendente que pueda parecer. Además, el efecto del lanzamiento puede ser increíble.

Esta es la razón por la que realizar *sutemi waza* debe ser un proceso muy suave de principio a fin. Se debe mover con el cuerpo de su oponente, aceptar su impulso, aplicar *ukemi* para caer con seguridad al suelo y continuar ejecutando su lanzamiento rápida y limpiamente.

Ma-sutemi waza

Hay cinco lanzamientos de sacrificio trasero o técnicas *ma-sutemi waza* que se pueden aplicar:

1. Hikikomi gaeshi

Hikikomi gaeshi significa tirar hacia atrás. Esta técnica requiere tirar del oponente hacia delante y luego lanzarlo por encima y por detrás de su cabeza.

Para realizar el *hikikomi gaeshi*, necesita moverse hacia delante y colocar su pie a medio camino entre los pies de su oponente. A continuación, debe utilizar su *hiki-te*, o mano de agarre, para tirar del oponente hacia delante. Esto hará que pierda el equilibrio. Cuando empiecen a caer hacia delante, utilice su *tsurite*, o mano de elevación, para alcanzarlo por encima del hombro. Agarre su cinturón. Al mismo tiempo, utilice de nuevo su *hiki-te* para levantar el costado de su oponente o agarrar sus pantalones. Tras ese movimiento, desplace su centro de gravedad hacia atrás. Mientras agarra a su oponente, continúe haciéndolo rodar hacia atrás y láncelo por encima y detrás de su cabeza. Mientras lo lanza, debe patear hacia arriba y contra sus muslos para proyectar su cuerpo.

2. Sumi gaeshi

Sumi gaeshi significa lanzamiento desde la esquina. Esta técnica requiere que el luchador tire del oponente hacia delante, desestabilizándolo y desequilibrándolo antes de caer hacia atrás y lanzarlo por encima de la cabeza.

Para ponerse en posición, colóquese en la posición *kenka yotsu* y utilice su *tsurite* para agarrar a su oponente por la parte trasera de su uniforme. A continuación, utilice su *tsurite* y su *hiki-te* para tirar del oponente hacia delante. Cuando pierdan el equilibrio, debe asegurar a su oponente por la espalda con su pierna enganchada a la entrepierna de él. Debe dar una patada hacia arriba rápidamente para lanzarlo por encima de su cabeza.

3. Tawara gaeshi

Tawara gaeshi significa lanzamiento de un saco de arroz. Esta técnica requiere lanzar al oponente por encima de su cabeza y por detrás, como si el oponente fuera un saco de arroz.

Esta técnica se utiliza normalmente como contraataque al *morote-gari* o siega a dos manos. Así, cuando las caderas del oponente están bajas y se preparan para moverse hacia delante y agarrar su torso, debe agarrarlo por detrás de sus hombros. Entonces debe sujetarlo en lo que parece un abrazo de alcance. Su cabeza, en este punto, mira hacia abajo. Debe sujetar con fuerza la parte superior del cuerpo de su oponente y desestabilizarlo hacia delante. Luego, ruede sobre su espalda, lanzándolo sobre su cabeza y hacia atrás de ella.

Como ya se ha explicado, en realidad no utiliza su fuerza ni sus brazos en el proceso. En cambio, es el impulso del cuerpo desestabilizado de su oponente, junto con su propio movimiento de giro, lo que provoca un cambio en su centro de gravedad y le asegura la buena ejecución de la técnica.

4. Tomoe nage

Tomoe nage significa lanzamiento circular, que también se conoce como técnica submarina. Esto se debe a que la técnica requiere que el *tori* se sumerja debajo del *uke* y utilice la pierna para lanzarlo.

Mientras está de pie en una postura natural, el oponente realiza un movimiento lateral que usted anticipa. Mientras él lo ejecuta, tiene que doblar las rodillas y lanzarse. A continuación, utilice su cuerpo para proyectar un giro hacia delante, lo que hace que se enrosque como una bola. Desde esa posición, debe sumergirse debajo del adversario. Debe colocar el pie en la parte superior del muslo del adversario, cerca de su torso, y utilizar toda su fuerza para extender la rodilla. La fuerza de resorte de la rodilla extendida patea al oponente hacia arriba. Luego, utilice su *tsurite* y su *hiki-te* en armonía con tu fuerza de patada.

5. Ura nage

Ura nage significa lanzamiento trasero. Si está familiarizado con la lucha libre profesional, verá que la técnica es similar al retroceso. Esta técnica requiere que el practicante abrace a su oponente por detrás y lo lance hacia arriba y por detrás de la cabeza.

Cuando su adversario intente un ataque y dé un paso adelante para sujetarlo por detrás del cuello, debe abrazarlo o agarrarlo con ambos brazos. Puede doblar las rodillas para oponer resistencia si intenta engancharle una de las piernas. A continuación, debe tirar de su adversario hacia atrás, desplazando su propio centro de gravedad. En este punto, estará sobre su estómago. Extienda sus piernas para utilizar la fuerza de rebote de su rodilla, lanzando a su adversario por encima y hacia atrás.

Yoko-sutemi waza

Hay quince lanzamientos de sacrificio lateral o técnicas de *yoko-sutemi waza* que puede aplicar:

1. Daki wakare

Daki wakare significa rotación trasera del tronco. El *tori* debe abrazar y lanzar al *uke* por detrás.

Cuando su oponente intenta un *seoi-nage* o un ataque similar, usted contraataca agarrando su costado con una mano. Esto hace que él amplíe su postura y pierda el equilibrio. En ese momento, debe rodear su cuello con el otro brazo, agarrando la parte posterior de su cuello u hombro en el contraataque. A continuación, empuje su espalda hacia un lado, doblando la rodilla y colocando un pie delante. Impida que su adversario se gire hacia un lado sujetándole la rodilla. A continuación, láncelo hacia un lado, abrazándolo a medio camino mientras gira su propio cuerpo con fuerza. Esto acerca al adversario a su abdomen. Empuje el abdomen hacia fuera, como en una postura de puente, y luego afirme los codos en el suelo. Ejecute un sacrificio lateral mientras lo lanza con un movimiento de torsión.

2. Hane makikomi

Hane makikomi significa lanzamiento envolvente con rebote.

Después de intentar y fallar en un *hane-goshi* o salto de cadera, puede realizar un *hane makikomi*. Lo que debe hacer es soltar su mano derecha, extendiéndola hacia afuera y girando hacia la izquierda. Esto hará que envuelva el cuerpo de su oponente a su alrededor. Finalmente, láncelo rodando y cayendo hacia delante sobre la colchoneta.

3. Harai makikomi

Harai makikomi significa lanzamiento envolvente con raspado de cadera.

Para ejecutar el lanzamiento, lleve a su oponente a la esquina frontal para desequilibrarlo. Después de estar en *harai-goshi*, debe soltar su agarre derecho y girar hacia la izquierda. Entonces envolverá el cuerpo de su adversario alrededor del suyo agarrando su brazo derecho por debajo de su axila. Finalmente, caerá hacia delante cuando lo derribe con su lanzamiento.

4. Kani basami

Kani basami significa lanzamiento de cangrejo o tijera. Este lanzamiento de sacrificio ha sido prohibido en todas las competiciones de judo y en la mayoría de las de BJJ en todo el mundo.

5. Kawazu gake

Kawazu gake significa enredo con una pierna, y también está prohibido en competiciones.

6. Osoto makikomi

Osoto makikomi significa gran lanzamiento envolvente exterior.

Un *osoto makikomi* debe ser realizado desde un *o-soto-gari*. Si está en esa posición, su mano derecha debe estar en la solapa de su adversario. Tiene que soltar con esa mano y girar hacia la izquierda. En ese momento, lleve su brazo sobre el derecho del adversario. Esto hará que su cuerpo se enrolle alrededor del suyo. Reanude su movimiento para ejecutar el lanzamiento.

7. Soto makikomi

Soto makikomi significa envolvimiento exterior.

Comience desequilibrando al oponente, dirigiéndolo hacia su esquina frontal derecha. Entonces, suelte su mano derecha y gire a la izquierda. Asegúrese de envolver con su brazo derecho el brazo derecho de su oponente y utilice su axila para apretarlo. Esto hará que su cuerpo se enrolle alrededor del suyo. Después, continúe moviéndose en esa posición para lanzar a su oponente hacia delante.

8. Tani otoshi

Tani otoshi significa caída en el valle.

Para ejecutar el *tani otoshi*, necesita desequilibrar a su adversario hacia la esquina trasera derecha. Después, tiene que mover su pie izquierdo hacia el exterior de su pie por detrás de ambos pies. Para terminar, debe sacrificarse hacia la izquierda mientras lanza a su adversario a la esquina trasera derecha.

9. Uchi mata makikomi

Uchi mata makikomi significa envoltura interior del muslo.

Para entrar en esta posición, debe hacerlo desde el *uchi mata* o la envoltura interior del muslo. Luego, debe que soltarse con la mano derecha y girar hacia la izquierda. Lleve el brazo derecho hacia el exterior de forma que el cuerpo de su oponente envuelva el suyo. Continúe girando y luego déjese caer, haciendo caer a su oponente con usted.

10. Uki waza

Uki waza significa técnica flotante.

Debe desequilibrar a su oponente y dirigirlo a la esquina frontal derecha. Después, amplíe su postura y extienda su pie izquierdo, bloqueando el exterior del pie derecho de su oponente. Finalmente, caiga rápidamente sobre su lado izquierdo para lanzar al adversario.

11. Uchi makikomi

Uchi makikomi significa envolvimiento interior.

Para entrar en *uchi makikomi*, debe hacerlo desde una posición de *ippon-seoi-nage* o lanzamiento con un solo brazo al hombro. Empuje sus caderas en un gran movimiento fuera de la dirección del lanzamiento. Debe envolver el brazo derecho de su oponente en el pliegue de su codo. Luego, sacrifíquese y lance a su oponente por encima.

12. Yoko gake

Yoko gake significa caída lateral del cuerpo.

Necesita desequilibrar a su oponente y lanzarlo hacia la esquina frontal derecha, en la dirección de sus dedos izquierdos. Entonces, llévelo hacia el lado derecho de él y utilice su pie izquierdo para raspar su pie derecho por debajo de él. Debería caer hacia la izquierda junto con su oponente.

13. Yoko guruma

Yoko guruma significa giro lateral.

Necesita contrarrestar el *waza* de su oponente moviéndose hacia el frente. Luego, use su pierna para lanzarlo alrededor en un movimiento similar al de una rueda.

14. Yoko otoshi

Yoko otoshi significa caída lateral.

Para realizar esta técnica debe desequilibrar a su oponente hacia su derecha. Luego, mueva su pierna hacia el exterior del pie derecho de él. Por último, déjese caer hacia la izquierda y lance a su adversario.

15. Yoko wakare

Yoko wakare significa separación lateral:

Debe desequilibrar a su oponente y lanzarlo hacia la esquina delantera derecha o hacia delante. A continuación, déjese caer hacia su lado izquierdo o hacia atrás, extendiendo las piernas delante de su adversario. Por último, láncelo por encima de su cuerpo.

Los judocas, los luchadores y quienes practican otros estilos de lucha son propensos a perder el equilibrio cuando se les agarra desprevenidos o por sorpresa. Si no reaccionan con rapidez, estas situaciones ponen en peligro su posición en el combate. Afortunadamente, el *sutemi waza* puede convertir la postura indeseable de un judoca en una ventajosa.

La clave de cualquier deporte, no solo de las técnicas de lucha, es tener el control del cuerpo, la mente y el movimiento. Por lo tanto, perder el equilibrio nunca es una buena señal, y rara vez es intencional. Sin embargo, el *sutemi waza* permite a los judocas sacrificar voluntariamente su equilibrio para lanzar al atacante. De esta forma, recuperan el control de su propio cuerpo, de sus decisiones y del combate, además de ganar ventaja sobre su oponente.

Capítulo 8: *Osae waza*: Técnicas de inmovilización

Hay muchas cosas que la gente hace para defenderse, tanto física como mentalmente. Una forma de defensa personal es mediante técnicas de agarre o de inmovilización llamadas *Osaekomi Waza*. *Osaekomi Waza* consiste en utilizar el peso del cuerpo para mantener a un oponente boca arriba. Los movimientos de inmovilización son una parte integral de la defensa personal, porque permiten sujetar a alguien hasta que se someta o hasta que llegue ayuda. Estos movimientos permiten al luchador sujetar a su oponente por la espalda, que es una parte esencial del combate.

Los luchadores de judo deben saber utilizar *osaekomi waza* porque el agarre es una parte importante de este deporte. Muchos judocas entrenan duro para perfeccionar su capacidad de inmovilizar a un oponente, incluso durante todo un combate. Esta técnica se desarrolló a partir de movimientos llamados *katame waza*. Debido a que *osaekomi waza* son una parte tan importante del deporte, estos movimientos necesitan su propia categoría y los estudiantes deben aprender todo lo que necesitan sobre ellos. Este capítulo enseña las técnicas apropiadas de *osaekomi waza*, con instrucciones paso a paso e imágenes.

El principio fundamental de *osae waza*

El principio fundamental del *osae waza* es que un jugador inmoviliza a su oponente acostándose sobre él con todo su peso. El objetivo es inmovilizar al oponente, lo que puede conducir a una sumisión o un cambio de técnica. Una buena forma de que los principiantes recuerden la posición adecuada es imaginarse a sí mismos como una manta pesada que debe cubrir a su oponente.

Primero, el atacante debe agarrar el uniforme del defensor con ambas manos y colocar su pecho sobre sí mismo. El peso se minimiza manteniendo los antebrazos, codos, palmas y rodillas en contacto con la colchoneta en todo momento. Estas partes del cuerpo se utilizan como punto de pivote para desplazar el peso de un lado a otro.

El defensor debe mantener los codos en contacto con la colchoneta e intentar no moverse demasiado mientras el atacante está encima de él. La técnica puede finalizarse fácilmente moviendo las caderas hacia un punto ligeramente descentrado, lo que permite agarrar el cuello del oponente mientras se utiliza una de las piernas para inmovilizar la pierna pegada al cuerpo.

Tanto el atacante como el defensor deben mantener las caderas bajas con ambas rodillas sobre la colchoneta. Si se levantan demasiado las caderas, el otro puede dar la vuelta y contraatacar. Manteniendo una posición corporal adecuada, ambos luchadores pueden conservar energía mientras intentan inmovilizar a su oponente.

1. *Yoko shiho gatame* (inmovilización de control lateral)

Esta es la primera y más básica de todas las *osaekomi waza*, pero también es una de las más importantes, ya que existen variaciones que pueden ser utilizadas para vencer al oponente. Necesitará un buen movimiento de cadera para realizar esta técnica. De lo contrario, no funcionará. Esta técnica puede utilizarse para someter al oponente mediante estrangulamientos o llaves de brazo, por lo que es una parte importante del entrenamiento.

Si realiza este movimiento sobre alguien que está de pie, puede intentar tirar su peso sobre usted, por lo que debe tener una buena postura cuando se inicie la inmovilización. Cuando practique *shiho gatame*, asegúrese de que el hombro de su oponente ceda para que pueda crear presión en el lado de su cuello.

2. *Kuzure yoko shiho gatame* (control lateral - variante)

A diferencia del *yoko shiho gatame* normal, esta técnica se realiza cuando el oponente está tumbado. Cuando la practique, asegúrese de mantener las caderas bajas y de ejercer una buena presión para inmovilizar a su oponente.

Cuando realice esta variante sobre un oponente de pie, este puede agarrar una de sus piernas e intentar tirar de usted hacia él. Si esto ocurre, utilice los brazos para tirar de usted hacia delante de forma que mantenga la presión sobre el cuello y los hombros de su oponente.

3. Tate shiho gatame (control de montada)

Una vez que esté en la posición *tate shiho gatame*, su oponente intentará abrir espacio entre usted y él usando las caderas. Para evitar que esto suceda, coloque uno de sus brazos bajo su cuello, lo que dificultará su movimiento. Cuando se dé cuenta de que no puede escapar, intentará mover las caderas hacia atrás, pero usted puede utilizar su peso para inmovilizarlo.

Cuando practique esta técnica, asegúrese de que el brazo que tiene debajo del cuello está bloqueado. De lo contrario, podrá zafarse. Si intenta levantar las manos por la cara, agarre uno de los brazos y bloquee el codo con el hombro.

4. Tate shiho gatame (control de montada - variante)

Esta es otra variante del *tate shiho gatame* que se puede utilizar contra un oponente de pie. Cuando ataque utilizando este método, mantenga sus caderas bajas y aplique presión a su brazo. Cuando el oponente intente llevar el codo a su cara, agarre uno de sus brazos con ambas manos y bloquee los codos con el hombro. Si intenta levantar la cadera, empuje hacia abajo para que no pueda salirse de la llave.

Con esta técnica, es importante mantener las caderas bajas y mantener el centro de gravedad. Un error común de los principiantes en este movimiento es colocarse demasiado alto, lo que facilita al oponente escapar de la sujeción. Además, si su oponente mantiene las caderas bajas, puede utilizar este movimiento para someterlo.

5. Kesa gatame (sujeción del pañuelo)

El *kesa gatame* es una acción de inmovilización muy famosa y directa que no requiere mucha fuerza para llevarse a cabo. Este movimiento requiere el uso de todo el cuerpo, junto con un buen movimiento de cadera. Practíquelo en ambos lados del cuerpo de su oponente para estar preparado para cualquier situación.

Una vez que el oponente tiene su brazo bajo su axila, puede lanzar su peso sobre usted para que no pueda agarrarlo en el *kesa gatame*. Para salir de esta posición, enganche una de sus piernas alrededor de sus caderas y tire hacia delante. Esto debería obligarlo a ponerse de espaldas y permitirle preparar el *kesa gatame*.

6. *Kuzure kesa gatame (sujeción del pañuelo - variante)*

El *kuzure kesa gatame* es otra variante de esta popular técnica de inmovilización. Para colocarse en posición, su oponente debe mover las caderas hacia fuera e intentar escapar. Si lo hace, agárrelo de la solapa con una mano y coloque el otro brazo bajo su axila. Luego deslícelo hacia arriba a través de su cuello y bloquee su antebrazo con la mano contraria.

Para practicar esta variante, mantenga el pecho erguido y use las rodillas para ejercer la presión necesaria para inmovilizarlo. Si intenta subir el codo por la cara, agarre uno de sus brazos con ambas manos y bloquee el codo con el hombro. Debe mantener una buena postura cuando inmovilice a su oponente.

7. *Kami shiho gatame (sujeción de las cuatro esquinas superiores)*

El *kami shiho gatame* es otra variante del *kesa gatame*, en la que necesita que su oponente abra las piernas. Para colocarse en posición, ponga su brazo bajo la axila de él y deslícelo hacia arriba a través de su cuello mientras le agarra por el otro lado. A continuación, agarre la manga con la mano contraria y siéntese sobre su estómago.

Para practicar esta variante, mantenga el pecho erguido y ejerza presión sobre el oponente con el peso de su cuerpo. En cuanto intente levantar los brazos, agárrelo con ambas manos y bloquee el codo con su hombro.

8. *Kuzure kami shiho gatame (sujeción de las cuatro esquinas superiores - variante)*

El *kuzure kami shiho gatame* es otra variante de este popular método de inmovilización. Para colocarse en posición, el oponente debe sacar las caderas e intentar escapar. si es así, coloque un brazo bajo la axila de él y agárrele el cuello del otro lado con la mano libre. A continuación, pase ese brazo por el cuello del adversario, de modo que el brazo quede delante del otro.

Para colocarse en posición, necesitará un buen movimiento de cadera. Cuando el adversario intente subir los brazos a su cara, agarre uno de sus brazos con ambas manos y bloquee el codo con el hombro. Debe mantener el pecho erguido e inmovilizarlo con las rodillas.

9. Morote shiho gatame (sujeción de las cuatro esquinas superiores a dos manos)

Se trata de una eficaz técnica de inmovilización con ambos brazos. Este movimiento requiere el uso de su fuerza central y el movimiento de la cadera, por lo que no es fácil de dominar. Para colocarse en posición, debe pasar el brazo por debajo de la axila del oponente y luego deslizarlo hacia arriba por el cuello. Además, debe moverse rápido para que no le aparte el brazo. A continuación, agarre una de las mangas con la mano contraria. Sus piernas ya deberían estar entre las del oponente, así que solo tiene que mover las caderas sobre ellas y ejercer presión.

Se necesita mucha energía para inmovilizar a alguien, así que debe mantener una buena postura durante todo el agarre. Si el oponente intenta levantar los codos hacia su cara, agarre uno de sus brazos con ambas manos y bloquee el codo con el hombro.

10. Makura kesa gatame (Sujeción de pañuelo almohada)

Esta técnica de inmovilización es más difícil de ejecutar de lo que parece. En lugar de agarrar la manga con la mano libre, debe pasar el brazo por debajo de la axila opuesta del oponente y agarrar el cuello del mismo lado. Luego lleve ese brazo a través de su cuello de modo que quede frente a su otro brazo.

Debe comenzar esta posición subiendo las piernas para bloquearlas alrededor de la cintura del oponente. Luego inclínese hacia delante y pase el brazo por su cuello por debajo de la axila de su brazo libre. En cuanto el rival intente levantarse, siéntese sobre él y manténgalo inmovilizado utilizando su peso. Mantenga una buena postura para no cansarse.

Es importante recordar que estas técnicas de inmovilización ejercen una gran presión sobre la espalda y el pecho del oponente. Esto significa que le resulta difícil utilizar los brazos y no puede moverse con la libertad habitual. Una vez inmovilizado de esta forma, su oponente no puede contrarrestarlo tan fácilmente. Esto le da una gran oportunidad de conseguir una sumisión.

Estas diez técnicas de inmovilización le ayudarán a mantener a su oponente boca arriba el mayor tiempo posible para realizar una sumisión. Es importante saber cómo funcionan estas técnicas, dominarlas con la práctica y el entrenamiento le dará ventaja en los combates. Pero recuerde siempre poner atención a la seguridad.

Capítulo 9: *Shime waza*: Técnicas de estrangulamiento

Existen tres tipos principales de estrangulamiento, dependiendo de dónde se produzca la presión. Los puntos son el cuello, la tráquea o el pecho. Se consideran «arte sutil» por los peligros que entrañan para el oponente y solo deben practicarse bajo la supervisión de un instructor de judo capacitado. Las técnicas de estrangulamiento pueden incapacitar efectivamente a un oponente con menos fuerza que los golpes, lo que las hace particularmente útiles en el judo de defensa personal. Este capítulo explora los tres tipos de estrangulamientos y describe e ilustra doce técnicas de estrangulamiento en judo.

Las técnicas de estrangulamiento se ejecutan desde varias posiciones de agarre con el objetivo de cortar el flujo sanguíneo al cerebro mientras se limita el movimiento del oponente. Estas técnicas se han utilizado en el judo durante décadas, incluso siglos. Varias de estas técnicas se practicaban y enseñaban en las escuelas tradicionales japonesas de *jujutsu* ya a mediados del siglo XIX.

Las técnicas de estrangulamiento funcionan bloqueando las arterias carótidas a ambos lados del cuello, que es como normalmente se respira, con el cuerpo recibiendo sangre oxigenada de cada lado del cuello. En el judo, los estrangulamientos no bloquean completamente esas arterias, sino que limitan el flujo sanguíneo lo suficiente para afectar gradualmente al cerebro.

El principio fundamental del *shime waza*

En judo, el principio fundamental del *shime waza* es quitarle a una persona el equilibrio y la posición de pie utilizando su peso en su contra. Aunque esto suene complicado, se logra a través de una variedad de movimientos que incluyen levantamientos, zancadillas y lanzamientos. Cuando un oponente es lanzado y cae sobre su espalda o cuello, no puede realizar la maniobra defensiva adecuada. Mientras aterrice de lleno en el suelo y mantenga una posición de pie, si el *shime waza* es controlado adecuadamente por quien aplica la presión, no debería haber ninguna lesión.

En los *shime waza*, una de las cosas más importantes a tener en cuenta es que el oponente debe quedar inconsciente. Dado que el oponente está de pie y su movimiento está restringido, no será capaz de golpear. Por eso es muy importante que la persona que ejecuta un *shime waza* tenga cuidado con el tiempo que aplica la presión. Una persona puede perder el conocimiento aplicando la cantidad apropiada de presión, pero usar demasiada fuerza puede causar daños serios, así que es imperativo que no use demasiada fuerza. En general, es una buena idea practicar solo bajo la supervisión de un instructor capacitado durante las clases.

Técnicas de *shime waza*

Hay un total de doce técnicas diferentes de estrangulamiento. Se denominan *shime waza* o «técnicas de estrangulamiento». Las técnicas de estrangulamiento del judo son similares a las utilizadas en otras artes marciales, como el aikido, el *jiu-jitsu* y el karate. Algunas de las técnicas de estrangulamiento del judo son similares a las utilizadas en la calle. Por ejemplo, los estrangulamientos *gi* pueden aplicarse a una persona que no lleve uniforme de judo. Esto hace que sea importante que las fuerzas del orden y profesiones afines dominen la ejecución de estas técnicas.

1. Do jime (llave de torso)

Este estrangulamiento también se conoce como «llave de torso». Para aplicar esta técnica, su oponente debe estar tumbado boca arriba. Agarre el brazo de su oponente y gírelo de modo que la palma quede hacia arriba. Luego deslice su brazo derecho por debajo de su cabeza y cuello. Con el antebrazo, presione la tráquea para que quede por debajo del brazo del adversario. Si tiene éxito, su adversario perderá el conocimiento.

2. Gyaku juji jime (estrangulamiento cruzado invertido)

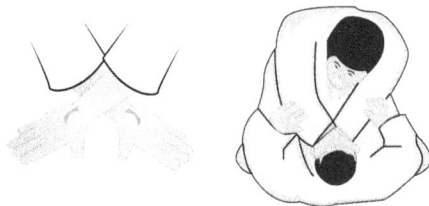

Gyaku juji jime

Este estrangulamiento se aplica de la misma forma que el *do jime*. Sin embargo, cuando presione la tráquea de su oponente con el antebrazo, utilice el lado opuesto del brazo. Esto significa que la tráquea se presiona desde debajo del brazo de su oponente en lugar de por encima, lo que hace que el estrangulamiento sea más fuerte y aumenta sus posibilidades de conseguir que se desmaye en cuestión de segundos.

3. Hadaka jime (estrangulamiento desde atrás)

Hadaka jime

Este estrangulamiento se aplica agarrando el cuello de la camisa de su oponente y rodeando su cuello con el brazo. Una vez hecho esto, agarre el dorso de la mano con la otra mano. Mantenga ambas manos cerca del cuello de su adversario. Luego tire hacia usted y hacia arriba para que la barbilla de su oponente sea empujada hacia abajo, y su cuello se alargue. De esta misma forma se aplica este estrangulamiento contra un oponente de pie. Esta técnica es extremadamente efectiva porque toma al oponente por sorpresa.

4. Kata ha jime (estrangulamiento de un ala)

Kata Ha Jime

Para aplicar esta técnica, su adversario debe estar tumbado boca arriba y usted junto a él de pie o arrodillado. Coloque su brazo derecho sobre el pecho del oponente y agarre el cuello de su uniforme. Gire la mano hacia abajo y tire hacia arriba para levantar la barbilla del adversario. De este modo, la tráquea del adversario quedará al descubierto y le resultará más fácil aplicar el estrangulamiento.

5. Kata juji jime (medio estrangulamiento cruzado)

Kata juji jime

Este estrangulamiento también se conoce como «diagonal». Se aplica de la misma forma que el kata ha jime. La única diferencia es que debe aplicar la llave de muñeca desde el lado opuesto. Se aplica desde el lado izquierdo de su oponente, lo que significa que tiene que utilizar su brazo derecho. Recuerde mover el brazo por debajo del cuello del oponente y colocarlo en el lado derecho de su tráquea. Tire hacia arriba para que el cuello de su adversario se alargue y la tráquea quede expuesta.

6. Kata te jime (estrangulamiento con una mano)

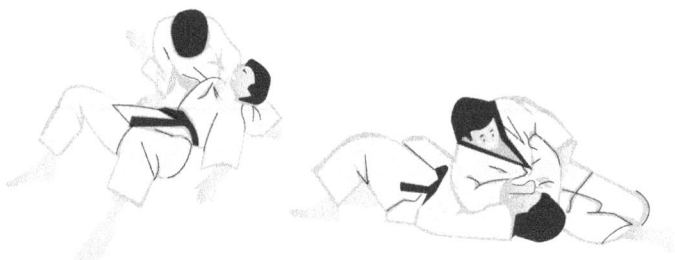

Kata te jime

Para aplicar este método, su oponente debe estar tumbado boca arriba y usted de pie o arrodillado a su lado. Su brazo derecho rodeará el cuello y el brazo del oponente. La única diferencia es que debe bloquear su mano izquierda, lo que significa que puede utilizar una de sus manos. Lo más importante de esta técnica es asegurarse de que sus dos brazos están cerca del cuello de su oponente. Esto le permite más fuerza de apalancamiento y hace que el estrangulamiento sea más fuerte.

7. Nami juji jime (estrangulamiento cruzado normal)

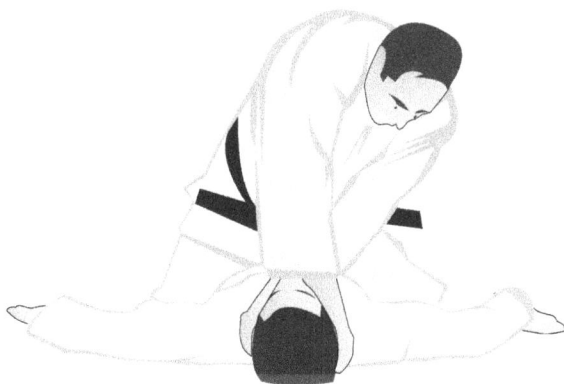

Nami juji jime

Este estrangulamiento se aplica de la misma forma que el *kata te jime*. Sin embargo, debe utilizar ambas manos. Esto significa que tiene que pasar su mano izquierda alrededor del cuello de su oponente y agarrar su brazo derecho. Así aplica presión en la tráquea del oponente y, si tiene éxito, lo dejará inconsciente inmediatamente. Al igual que en el *kata te jime*, asegúrese de que ambos brazos están cerca del cuello de su oponente. Si lo hace con la técnica correcta, el estrangulamiento será más fuerte y amentará sus posibilidades de dejar inconsciente al oponente.

8. Okuri eri jime (estrangulamiento corredizo de solapa)

Okuri eri jime

Aplique este estrangulamiento de la misma forma que el *kata ha jime*. Para ello, agarre el cuello de su oponente con la mano izquierda y rodee su cuello con el brazo. Mientras lo hace, agarre el dorso de su mano derecha. Mantenga ambas manos cerca del cuello del oponente. Luego, tire hacia usted y hacia arriba para empujar la barbilla de su oponente hacia abajo y alargar su cuello. Puede realizar este estrangulamiento desde una posición de pie o tumbado. Si lo realiza desde una posición de pie, recuerde tirar de su oponente hacia usted y hacer que pierda el equilibrio.

9. Ryo te jime (estrangulamiento a dos manos)

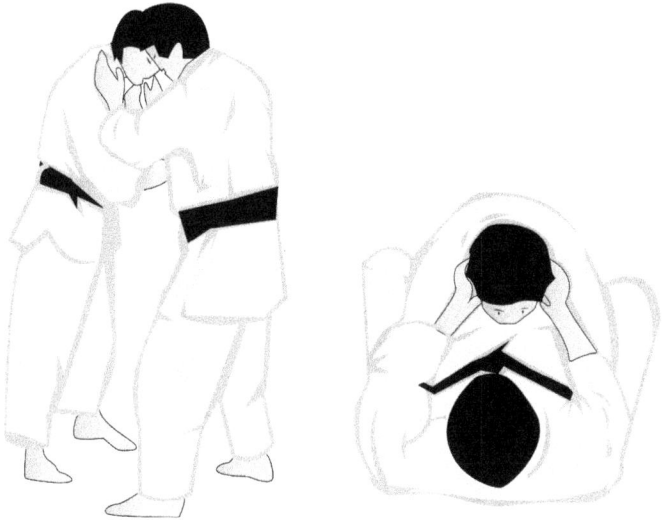

Ryo te jime

Este estrangulamiento se aplica de la misma forma que todas las técnicas anteriores. La diferencia de este método es que debe utilizar ambas manos. Normalmente se aplica desde el suelo y una vez que ha conseguido superar todas las defensas de su oponente. Para aplicar este estrangulamiento, agarre la mano derecha de su oponente con la izquierda y luego coloque su brazo derecho alrededor del cuello de él. Una vez en esta posición, asegúrese de mantener ambas manos cerca del cuello del oponente. Esto le dará más fuerza y dificultará la huida del rival.

10. Sankaku jime *(estrangulamiento en triángulo)*

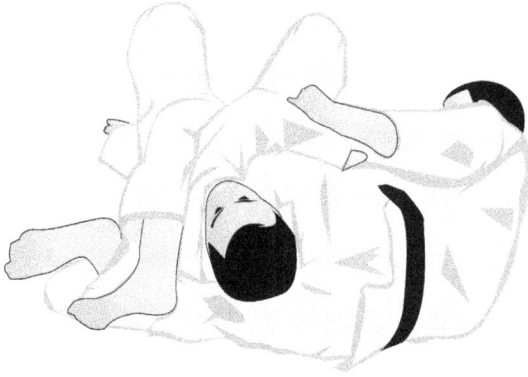

Sankaku jime

Para aplicar este estrangulamiento, su oponente debe estar tumbado boca arriba. Usted debe arrodillarse con la rodilla izquierda junto a su cabeza y la pierna derecha sobre su pecho. Agarre el cuello de su oponente con la mano izquierda y ponga el brazo derecho alrededor de su cuello. Una vez hecho esto, sujete la parte posterior del brazo izquierdo con el brazo derecho y colóquelo cerca del cuello del adversario. Para que este estrangulamiento sea más fuerte, empuje hacia abajo el hombro del adversario con la rodilla izquierda.

11. Sode guruma jime (estrangulamiento de giro de manga)

Sode guruma jime

Este estrangulamiento se aplica de la misma forma que el *kata te jime*. La única diferencia es que debe utilizar ambas manos para agarrar la manga derecha de su oponente. Para aplicar este estrangulamiento, agarre ambos hombros de su oponente con su brazo derecho y luego colóquelo alrededor de su cuello. Termine el movimiento agarrando su manga izquierda. Así genera la asfixia y hace que su oponente pierda el conocimiento.,

12. Tsukkomi jime (estrangulamiento de empuje)

Tsukkomi jime

Para aplicar este estrangulamiento, debe estar de pie frente a su oponente. A continuación, agarre el cuello del *judogi* de su oponente con la mano izquierda y coloque el brazo derecho bajo su axila. Luego, agarre el dorso de la mano izquierda con la derecha. A continuación, tire de los brazos del rival hacia usted y hacia arriba, de forma que los omóplatos de su oponente queden fuertemente presionados. Esto crea una fuerte presión alrededor del cuello y le proporciona un buen agarre. Su oponente no tardará en caer, rendirse o desmayarse.

Los *shime waza* son movimientos importantes de aprender cuando se practica judo. Son extremadamente efectivos en situaciones de la vida real en las que puede necesitar defenderse contra un atacante callejero o en clase durante un entrenamiento de combate. Si aprende estas técnicas correctamente y las practica, pronto se convertirán en algo natural para usted y será capaz de aplicarlas con confianza y competencia. En este capítulo se enumeran doce de los estrangulamientos más comunes del *shime waza* y se muestra cómo realizarlos. Además, hay consejos sobre cómo practicar las técnicas para que se vuelvan en instintivas para usted.

Capítulo 10: *Kansetsu waza*: Técnicas de bloqueo articular

Existen diferentes técnicas de bloqueo articular en judo que puede aplicar para someter a su oponente. Este capítulo contiene consejos y técnicas para los diez bloqueos articulares más comunes de judo que debería conocer. Da detalles sobre cómo utilizar cualquiera de las técnicas para dejar indefenso a su oponente bloqueando una articulación o doblándola en la dirección opuesta.

Lo que debe saber sobre los bloqueos articulares

Un bloqueo articular implica la manipulación de las articulaciones del oponente de forma que lleguen a su máximo límite de movimiento. Los bloqueos articulares causan dolor intenso e inmovilizan al oponente. Pueden causar diferentes lesiones en los ligamentos, tendones y músculos. También pueden causar lesiones graves como fracturas o dislocaciones óseas, dependiendo de su impacto. En las artes marciales, los bloqueos articulares suelen practicarse de forma segura y controlada. Hay diferentes tipos de bloqueos articulares en judo; las siguientes diez son las técnicas oficiales que están permitidas.

Figura *ude garami* (bloqueo articular en cuatro)

Figura ude garami

El bloqueo articular en cuatro también se conoce como llave de hombro superior, llave de brazo doblado o llave de brazo V1. Se trata de un método de agarre que provoca la flexión del codo, el hombro y, en menor medida, la muñeca del adversario. Para apuntar a la mano derecha del oponente, se utiliza la mano izquierda. Esto le permite clavar el brazo en el suelo de tal forma que el codo caiga en ángulo recto y la palma de la mano mire hacia arriba.

A continuación, pase el brazo izquierdo por debajo de la parte superior del brazo del adversario. Esto dará lugar a una figura cuatro, de donde proviene el nombre de la técnica. Si usted quien la ejecuta, obtendrá una ventaja sobre su oponente. Debe deslizar la muñeca del oponente hacia la parte inferior de su cuerpo para completar el movimiento. Mientras hace esto, debe levantar el antebrazo y el codo simultáneamente en un movimiento de raspado. Esto hace que las articulaciones del oponente se flexionen y duelan. Si el oponente no se somete a tiempo, podría lesionarse.

Ude hishigi juji gatame (bloqueo cruzado de brazo)

Ude hishigi juji gatame

El bloqueo cruzado de brazo es una técnica de judo que también se conoce como llave cruzada de brazo, llave de brazo o llave recta. La técnica también se aplica en otros tipos de artes marciales de agarre. Debe sujetar el brazo extendido del oponente por la muñeca mientras aprieta con las rodillas el brazo del adversario. Para someter al oponente, una de sus piernas debe quedar sobre su pecho y la otra sobre la cara del oponente (o justo debajo de su barbilla). Sus caderas deben estar apretadas contra la axila mientras los muslos sujetan el brazo. Si sujeta la muñeca del oponente contra su pecho, puede estirar fácilmente su brazo, hiperextendiendo el codo. Puede aumentar aún más la presión sobre la articulación presionando sus caderas contra el codo. Esta técnica se utiliza habitualmente en diferentes formas de artes marciales, entre ellas el judo.

Ude hishigi ude gatame (llave de brazo)

Ude hishigi ude gatame

Puede realizar esta llave de brazo cuando el adversario está boca abajo y su brazo atrapado con el codo bajo su axila. La otra mano está levantada y la articulación de su codo está hiperextendida. Si es usted quien ejecuta la técnica, primero debe agarrar el brazo extendido con ambas manos y luego abrazarlo contra su pecho. A continuación, tire de la muñeca hacia un lado de la cara y presione la rodilla contra el costado del adversario. El brazo no se moverá con facilidad, lo que provocará cierto dolor.

Esto bloqueará el costado mientras extiende la flexión del brazo para aumentar un poco la presión. Cuando tire del brazo atrapado hacia su estómago, estará aplicando una llave articular sobre el. El oponente puede rendirse en esta fase si no consigue zafarse del apretado agarre de esta llave.

Ude hishigi hiza gatame (llave de rodilla a brazo)

Ude hishigi hiza gatame

Al igual que la llave de brazo explicada anteriormente, la llave de rodilla a brazo se utiliza para inmovilizar al oponente usando la articulación de la rodilla. Puede aplicar la llave de brazo sobre el codo del oponente utilizando su rodilla cuando esté boca abajo. También puede ejercer presión hacia arriba sobre la muñeca mientras utiliza la rodilla para ejercer presión hacia abajo sobre el codo. También puede utilizar la zona interior de la rodilla para estirar el hombro o el codo desde una posición inferior.

Después de tirar del brazo del adversario hacia usted, atraparlo entre sus piernas y utilizar las rodillas para bloquear la articulación del codo, al adversario le resultará difícil moverse y sentirá un dolor que puede llevarlo a rendirse.

Ude hishigi waki gatame (bloqueo de axila)

Ude hishigi waki gatame

Esta técnica de bloqueo articular es peligrosa y puede acarrear una penalización. En el bloqueo de axila se tuerce el brazo del adversario por detrás y se bloquea la articulación del codo. Cuando el adversario esté en el suelo, agarre su brazo firmemente por la muñeca y tire de él con fuerza por debajo de la axila. Mientras ejecuta esta acción, abra bien las piernas para mantener el equilibrio y evitar que el adversario escape. Se trata de una técnica de presión hacia abajo que utiliza una fuerza excesiva y que puede causar daños en los ligamentos del codo o incluso romper un hueso.

Ude hishigi hara gatame (bloqueo de estómago)

Ude hishigi hara gatame

Esta maniobra es utilizada principalmente por luchadores con estómagos grandes para bloquear uno de los brazos del adversario. Mientras se arrodilla junto al adversario en cuatro apoyos, agarre la parte posterior de su cuello y cinturón y luego tire hacia delante con un movimiento diagonal. Esto hará que su oponente extienda el brazo, creando un hueco entre su costado y el brazo. Entonces aproveche la oportunidad para deslizar la pierna en el hueco y utilizarla para presionar el brazo del adversario contra su estómago. Una vez que el brazo queda atrapado, puede aplicar el peso de su cuerpo sobre él; esto le ayuda a bloquear la articulación del codo.

Ude hishigi ashi gatame (llave de pierna a brazo)

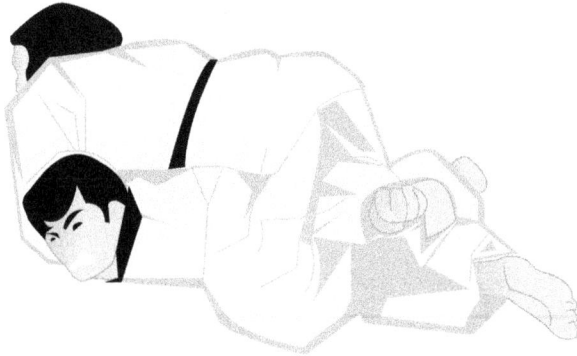

Ude hishigi ashi gatame

Cuando se utiliza esta técnica, se emplean ambas piernas para atacar la articulación del codo del adversario. Agarre el brazo del oponente entre sus piernas para bloquear la articulación del codo. La llave de pierna a brazo tiene diversas variantes y puede aplicarlas al adversario cuando está en el suelo. Cuando su adversario esté boca abajo en el suelo, agarre uno de sus brazos y rodee una pierna con él. Al mismo tiempo, baje la parte superior del cuerpo por la espalda del oponente. Sujete la pierna que está alrededor del adversario para crear la forma de «4» y ejerza presión en forma de tijera sobre su codo. Si ejecuta la técnica desde esta postura, flexione el cuerpo hacia atrás para doblar el codo del adversario en sentido inverso.

Si el adversario está boca arriba, rodee su cuello con el brazo desde arriba y tire de su cuerpo contra usted mientras sujeta uno de los brazos entre sus piernas. A continuación, utilice la parte inferior de la pierna para levantar la parte superior del cuerpo del adversario y ejercer presión sobre su codo utilizando el muslo.

Ude hishigi te gatame (llave de mano a brazo)

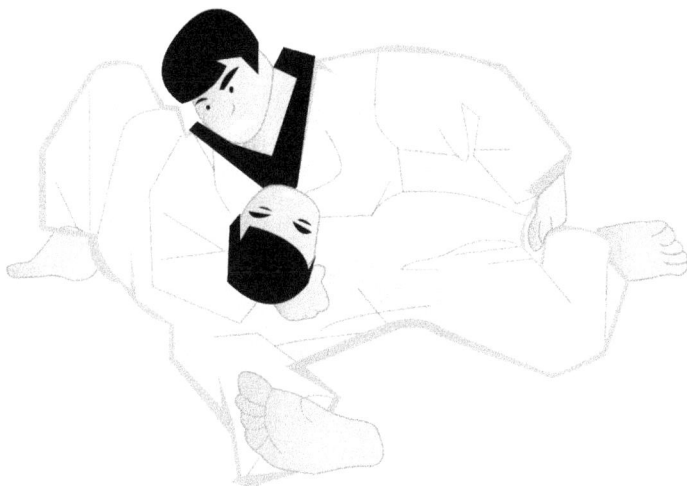

Ude hishigi te gatame

Utilice ambas manos cuando quiera atacar la articulación del codo de su adversario. Hay diferentes variantes que puede considerar para inmovilizar la articulación del codo de su oponente. Puede agarrar su brazo y colocarlo sobre su muslo, luego presionar la parte inferior del brazo hacia abajo para doblar el codo hacia atrás. Cuando pase a una sujeción lateral de cuatro esquinas, sujete el brazo de la misma forma y ejecute la acción.

A continuación, apriete el codo para ejercer presión con el dorso de la mano del adversario. Luego, sujete firmemente el brazo del lado contrario para ejercer presión, al tiempo que impide cualquier movimiento. Al bloquear la mano en una llave de brazo, el oponente no puede girarse y esto hace que se someta si no encuentra otra forma de escapar de la apretada llave.

Ude hishigi sankaku gatame (llave de brazo en triángulo)

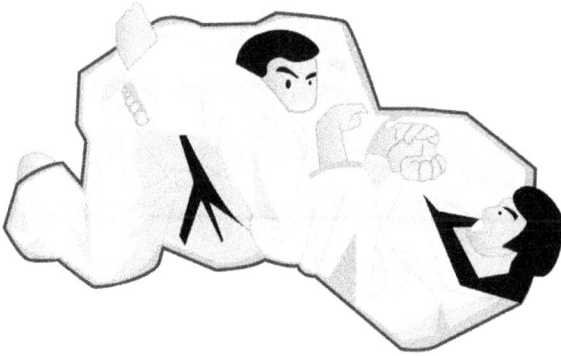

Ude hishigi sankaku gatame

Para ejecutar la llave de brazo en triángulo, sujete el brazo del adversario entre las piernas y bloquee la articulación del codo. El nombre de llave de brazo en triángulo deriva de las piernas en forma de tijera, que forman un triángulo mientras sujetan el brazo del adversario. Para completar el movimiento, agarre el brazo del adversario mientras está en cuatro apoyos y gire rápidamente con las dos piernas. Debe sujetar firmemente el brazo de la otra parte, junto con el cuello.

Esta postura puede parecer como si tirara del oponente hacia abajo y hacia delante, pero sus piernas lo sujetarán. Esto solo permite tirar del brazo hacia delante. Esta postura le permite empujar el estómago hacia fuera para doblar el brazo del adversario hacia atrás, bloqueando la articulación del codo. Esto ejerce presión sobre el brazo del oponente y le impide moverlo libremente.

Ashi garami (enredo de piernas)

Ashi garami

Para realizar esta técnica, sujete ambas piernas alrededor de las de su oponente. Gire la pierna para bloquear la articulación de la rodilla. El oponente suele estar tumbado boca abajo en la colchoneta. Asegúrese de que sus piernas están afirmadas alrededor de las piernas del oponente mientras gira su cuerpo hacia ellas, que están en tijera. También es probable que el oponente aplique un movimiento de torsión.

Para que el bloqueo sea fuerte y efectivo, agarre la manga del oponente y júntela con la acción de la pierna para conseguir un fuerte bloqueo articular de rodilla. Esta forma de pierna enredada supone un alto riesgo de lesión para las articulaciones de la pierna del contrario. Esta técnica de bloqueo está prohibida, aunque puede ser necesario aprenderla. Puede utilizarlo como defensa personal si se enfrenta a una amenaza de daño o a cualquier acción no deseada.

Las técnicas de bloqueo articular en judo se utilizan para inmovilizar las articulaciones de los oponentes y someterlos. Cuando se aplica presión a la articulación de forma que alcanza su máximo límite de movimiento, el oponente queda indefenso. Hay diferentes técnicas que se pueden practicar, pero es importante saber cuándo aplicarlas.

Capítulo 11: *Goshin jutsu kata,* el judo en defensa personal

El judo incluye lanzamientos, técnicas de agarre, bloqueos articulares y estrangulamientos, con el objetivo final de atacar a un adversario e inmovilizarlo. Se ideó originalmente con fines de defensa personal y se denominó judo *goshin jutsu kata,* que significa «forma de defensa personal», y utiliza técnicas del programa estándar del judo. Hay cuatro *katas* que incluyen desarmado, cuchillo, palo y pistola. A su vez, están divididas en doce técnicas de ataque sin armas, tres de ataque con cuchillo, tres de ataque con palo y tres de ataque con pistola. Algunas personas clasifican las *katas* sin armas y con cuchillo en una sola, pero originalmente son cuatro categorías separadas.

El judo como defensa personal

Hay muchas razones por las que el judo *goshin jutsu kata* es una buena herramienta de defensa personal. Una de las razones es que se centra en derribar a alguien más grande, más fuerte o más rápido antes de que llegue a golpear. Muchas artes marciales enseñan lo contrario de esto, que es golpear antes de que el adversario lo haga. Los derribos de judo permiten escapar si hay una diferencia de velocidad o potencia y al mismo tiempo permiten controlar a un atacante si no se cuenta con esa ventaja. Esto da más opciones a la hora de enfrentamientos violentos con adversarios de casi cualquier tamaño.

Otra razón por la que el judo *goshin jutsu kata* es una buena herramienta de defensa personal es su capacidad para revertir cualquier ataque contra el oponente. A algunas personas les desanima esta idea porque no entienden que se refiere verdaderamente a cualquier ataque, no solo a puñetazos o patadas. Esto incluye ataques con armas como cuchillos, palos e incluso pistolas. Si no puede evitarlas fácilmente, puede utilizarlas contra su agresor. Por ejemplo, si alguien intenta apuñalarlo con un cuchillo, puede contrarrestarlo con la técnica «*kata* del cuchillo» y desarmarlo. Luego, puede incapacitarlo con bloqueos articulares o estrangulamientos. Por lo tanto, el entrenamiento en judo *goshin jutsu kata* proporciona un conjunto completo de herramientas de defensa personal.

Por último, el judo *goshin jutsu kata* es una buena herramienta de defensa personal porque permite practicar técnicas realistas. El judo está diseñado sobre los principios del movimiento y la mecánica corporal y el impulso, por lo que su técnica funciona independientemente de las diferencias de fuerza o velocidad entre usted y su oponente. Esto significa que si debe utilizar técnicas de judo *goshin jutsu kata* en una situación de defensa personal, lo más probable es que funcionen contra alguien que no esté entrenado o tenga menos práctica que usted. Además, los principios del movimiento y la mecánica corporal permiten contraataques al hacer ejercicios. Puede utilizar las técnicas en toda su extensión cuando entrena, porque puede ejecutarlas a altas velocidades. Esto le permite perfeccionar su técnica y utilizarla en un combate real.

Defensa personal contra ataques sin armas

La *kata* contra «ataques sin armas» consta de doce técnicas como puñetazos, patadas y golpes con la palma de la mano. Se dividen en tres grupos: ataques altos, ataques medios y ataques bajos. El orden de estos grupos va del más difícil al menos complicado. Aunque algunas de las técnicas requieren estar agachado cerca del suelo, todas pueden utilizarse contra alguien que esté de pie. Este *kata* es que comienza con técnicas sencillas y se vuelve más complejo a medida que se progresa. Esto le permite ampliar su abanico de técnicas manteniéndolo organizado para que pueda entenderlo si es un principiante. También tiene sentido porque debe utilizar técnicas más sencillas cuando se enfrente a situaciones menos peligrosas.

Técnica de contraataque 1: Ataques altos - Palmas en la cara, puño en la sien

Esta técnica es un simple golpe con la palma de la mano en la frente del oponente. Enseña a acercarse para dar golpes efectivos y, al mismo tiempo, protegerse de los contraataques. Se trata de una técnica de defensa personal para cuando alguien ataca con un golpe por encima de la cabeza, como un batazo u otro golpe a la cara. Para ejecutar la defensa, debe redirigir el brazo atacante mientras lo golpea con su propia palma en la sien.

Técnica de contraataque 2: Ataques altos - Manos a la quijada o a la barbilla, golpe de rodilla

Este movimiento comienza con un golpe del oponente a su mandíbula con un puño. Puede ver venir este ataque observando cómo caen sus caderas y hombros cuando empieza a prepararse para el golpe. Inmediatamente después de bloquear el golpe, acérquese para clavarle los dos dedos en los ojos. También tiene la otra mano libre para agarrarle del pelo y tirar de él hacia el suelo. Luego, puede pisarle la rodilla o la espinilla con el talón y lanzarlo por encima del hombro con un lanzamiento de cadera.

Técnica de contraataque 3: Ataques altos - Bloqueo de antebrazo con mano con cuchillo al plexo solar

Este movimiento comienza bloqueando un puño del oponente con el antebrazo levantado y luego agarrando su brazo de la muñeca con la mano libre. Ahora puede golpearlo en el plexo solar con un golpe de mano de cuchillo para interrumpir su respiración, lo que hará mucho más difícil contraatacar. También puede tirar del brazo de su oponente hacia arriba y pasar por detrás de él. Desde ahí, puede aplicar un bloqueo de muñeca para derribarlo.

Técnica de contraataque 4: Ataques medios - Bloqueo de antebrazo con puño a la ingle

Esta técnica comienza bloqueando el puño de su oponente con su antebrazo para darle luego un fuerte golpe en la ingle. Es importante asegurarse de estar lo suficientemente cerca para golpear al oponente a esta altura. Si está demasiado lejos, su puño no tendrá suficiente alcance, por lo que tener clara la distancia necesaria para los puños estudiando las *katas*.

Defensa personal contra ataques con cuchillo

Las tres técnicas de este segmento están pensadas para cuando el oponente lo está apuñalando con su cuchillo.

Técnica de contraataque 1: Bloqueo bajo con esquivada y patada en la ingle

Esta maniobra comienza bloqueando la puñalada de su oponente con el antebrazo y utilizando esa energía para golpear una de sus piernas con la mano libre. Su siguiente movimiento es dar una fuerte patada en el lateral de su rodilla, justo donde se dobla, lo que inutilizará su pierna el resto del combate. Luego puede darle un rodillazo en la cara mientras está doblada por el dolor.

Técnica de contraataque 2: Bloqueo bajo con mano de cuchillo y mano al cuello

Comience bloqueando la puñalada de su oponente con un brazo mientras lo acercas a usted. Cuando esté lo suficientemente cerca, tire de su cabeza hacia abajo y golpéelo con su mano de cuchillo en el costado del cuello, interrumpiendo su sistema nervioso central. Si sigue de pie, puede darle una fuerte patada en la rodilla para doblarla y luego lanzarlo con su cadera.

Técnica de contraataque 3: Bloqueo bajo con antebrazo y golpe al costado de la cabeza

Esta técnica comienza bloqueando la puñalada del adversario con el antebrazo y bloqueando su puñetazo con el otro brazo. Sin soltar su muñeca, golpéelo en el costado de la cabeza para dejarlo inconsciente. Luego, puede echar los pies hacia atrás y esperar a que caiga antes de darle un pisotón en la cara o en el cuello.

Defensa personal contra ataques con palos

En esta *kata* aprenderá a defenderse de una persona que lo ataca con un palo. La primera está diseñada para defenderse de un golpe de un brazo que sostiene un palo o garrote, y los otros dos movimientos están pensados para cuando su oponente lo golpea con un palo en la cabeza.

Técnica de contraataque 1: Paso al frente y bloqueo de guillotina

Este movimiento se inicia poniéndose delante de su oponente cuando este intenta golpearlo con un palo. En cuanto falle, gírese rápidamente y agárrele la muñeca de la mano que sujeta el palo. Agarre su otro brazo por detrás con la mano libre y tire de él hacia abajo mientras deja caer su peso sobre él. Mientras lo hace, deslice la mano libre hasta la nuca y bloquéela con una llave de guillotina.

Técnica de contraataque 2: Bloqueo de antebrazo con golpe al costado de la cabeza

Esta técnica comienza bloqueando el palazo de su oponente con su antebrazo. Después de que falle, dele rápidamente un fuerte puñetazo en el costado de la cabeza para desorientarlo. A continuación, puede utilizar el impulso del oponente en su contra tirando de su hombro y volteándolo hacia atrás con su cadera.

Técnica de contraataque 3: Bloqueo bajo con mano de cuchillo y mano al cuello

Este movimiento se hace bloqueando el golpe de su oponente con ambos brazos, luego moviendo sus manos juntas para que las de su oponente queden bloqueadas. Una vez que tiene agarrada su arma, úsela para tirar de él hacia delante mientras da un paso atrás y se deja caer al suelo. Cuando caiga, empújese con los pies y lance a su oponente por encima de su cabeza.

Defensa personal contra ataques con pistola

En esta *kata* aprenderá a defenderse de una persona que lo ataca con un arma de fuego. Las tres técnicas de este segmento están pensadas para cuando el oponente saca y dispara su pistola contra usted.

Técnica de contraataque 1: Interceptación y golpe en la cara

Empiece dando un paso adelante y levantando el brazo por delante de la cabeza cuando vea que su oponente saca un arma de fuego. En cuanto dispare, bloquee la bala con el brazo e inmediatamente dele un puñetazo en la cara con la mano libre para desorientarlo. Mientras tiene la cabeza girada, agárrelo de la muñeca y gírela para que suelte la pistola y pueda darle un rodillazo en la ingle.

Técnica de contraataque 2: Bloqueo de antebrazo y golpe al costado de la cabeza

Esta técnica se realiza bloqueando el disparo del oponente con el antebrazo. Inmediatamente después de que la bala falle, dele un fuerte puñetazo en el costado de la cabeza para desorientarlo. Cuando esté aturdido, dele una patada lo más fuerte que pueda en la rótula para lanzarlo sobre usted usando la cadera.

Técnica de contraataque 3: Bloqueo bajo con mano de cuchillo y mano al cuello

Esta técnica comienza bloqueando el golpe de su oponente con ambos brazos, y luego juntando las manos para que las de él queden bloqueadas. Ahora que tiene agarrada su arma, utilícela para tirar de él hacia delante mientras da un paso atrás y se deja caer al suelo. Cuando caiga, empújese con los pies y lance a su adversario por encima de su cabeza.

Goshin jutsu kata recomendados para defensa personal

Como alternativa a las tres técnicas de cada sección, puede incorporar a su rutina cualquiera de los siguientes *katas*:

- *Kime no kata* - Un gran *kata* ofensivo. Practique combinaciones hasta que sepa qué ataque suge de cada configuración.

- *Ikkyo* - El *kata* estándar para principiantes. Utilícelo para aprender lo básico antes de pasar a algo más complejo.

- *Nikyo* - Otro *kata* para principiantes; le permite salir de situaciones difíciles utilizando bloqueos articulares.

- *Sankyo* - Este *kata* implica varias formas de liberarse de los agarres y puede utilizarse contra un oponente que intenta golpearlo.

- *Yonkyo* - Practique este *kata* para comprender bien cómo controlar a su oponente.

- *Gokyo* - Este también es un *kata* para principiantes, pero puede convertirse fácilmente en una técnica avanzada si se tiene la fuerza y la energía para mantener una presión constante.

- *Kansetsu waza* -Si alguien le agarra por detrás o le ataca con un cuchillo, utilice este *kata* para liberarse.

- *Koryu dai san* -Si alguna vez un oponente le ataca por la espalda con un palo o un objeto similar, utilice este *kata* para darle la vuelta a la situación y golpearlo hasta dejarlo sin sentido.

- *Goshin jutsu* de Kodokan - Esta es una compilación de muchos *katas* diferentes. Úselo para tener una idea general de la defensa personal en el judo, (puede usar cualquiera de las técnicas dependiendo de la situación).

- **Aikido no kata** - Si su oponente lo ataca con puños y patadas, este *kata* te mostrará cómo salir de la situación utilizando derribos y bloqueos articulares.

- **Aiki nage no kata** - Similar al *Aikido no kata*, este *kata* enseña a terminar arriba en situaciones de lucha desde el suelo; también permite golpear al oponente mientras está en el suelo y estrangularlo hasta que se desmaye.

- **Ju no kata** - Si utiliza este *kata* mientras su oponente está tratando de golpearlo, podrá redirigir la fuerza y el impulso entrantes y utilizarlos en su contra.

- **Kime katame no kata** - Un gran *kata* para defenderse de un ataque con agarres. Utilícelo si alguien intenta emberstirlo o derribarlo en una pelea.

- **Suigetsu no kata** - Si alguna vez alguien intenta derribarlo e inmovilizarlo, utilice las técnicas de este *kata* para soltarse de su agarre.

- **1er y 3er kyu katas de la Academia Kodokan** - ¡Practique estos *katas* simplemente para obtener las ventajas de la práctica y la repetición! Ayudarán a sus técnicas de judo pase lo que pase.

- **Goshin jutsu kata de Kodokan** -Utilice este *kata* para tener una idea general de cómo defenderse en una pelea.

El judo es una excelente herramienta de defensa personal porque se centra en derribar al oponente, independientemente de su tamaño o fuerza, para controlarlo y detenerlo. Esto lo hace útil para todo el mundo, no solo para quienes están en buena forma física o quieren convertirse en luchadores profesionales. Puede utilizar los *goshin jutsu kata* como alternativa a las técnicas enumeradas anteriormente para defenderse de cualquier tipo de arma. Si alguna vez se encuentra en una mala situación, estas técnicas le ayudarán a escapar o lo protegerán lo suficiente hasta que llegue ayuda.

El judo es una gran herramienta de defensa personal que cualquiera puede utilizar. Si quiere aprender a defenderse de atacantes desarmados, con armas o de ataques de agarre, practique *goshin jutsu kata*. Hay muchos *katas* incluidos en este libro, tanto para principiantes como para estudiantes avanzados. Sea cual sea su nivel, concéntrese en mejorar su judo; este *kata* será una herramienta útil en su repertorio.

Si se ve en peligro en la calle, utilice las técnicas de judo de *goshin jutsu kata* y otros *katas*. La práctica de estos *katas* es positiva para estudiantes de cualquier nivel que quieran adquirir experiencia practicando con diferentes tipos de ataques. Si alguna vez lo atacan por la espalda con un cuchillo, utilice el *kata koryu dai san* para darle la vuelta a la situación. Si su oponente lo ataca con puños y patadas, utilice el *kata Goshin Jutsu* de Kodokan para escapar o defenderse. Practique estas técnicas para protegerse de todo tipo de situaciones peligrosas.

Capítulo 12: El lado competitivo del judo

En los capítulos anteriores, se han mencionado los diferentes tipos y técnicas de judo. Ahora es el momento de hablar del *shiai* en el judo. *Shiai* se refiere a una competición o un combate de judo entre dos luchadores. Es importante señalar que el judo no es solo un estilo de lucha, sino también una forma de arte marcial y un deporte. En este capítulo se habla de las reglas, las clasificaciones y las pruebas de promoción, además de que se dan algunos consejos sobre cómo prepararse.

El judo como forma de arte y como deporte

Hablemos del judo como arte de defensa personal. Si está interesado en aprender judo, debe sumergirse en su cultura y en lo que implica física y mentalmente. Los samuráis japoneses practicaban el judo, así como otros tipos de artes marciales. Era un ejercicio importante porque les enseñaba el arte del combate sin el uso de armas.

Los movimientos físicos del judo consisten en combinaciones de golpes, patadas, derribos y técnicas para mantener a los oponentes en el suelo e infligirles el dolor suficiente para ganar y mantener la ventaja. Dominar el arte del judo permite a los luchadores conocer las técnicas para salir de dificultades y recuperar su postura. Una de las principales tácticas del judo consiste en dejar de resistir cuando uno se encuentra en una posición difícil y esperar a que el oponente pierda el equilibrio para derribarlo. Así es como el judo ganó su nombre, que significa «suave» o «blando».

Exploremos las técnicas con un ejemplo. Supongamos que su oponente es más fuerte que usted y lo empuja con todas sus fuerzas. Lo tirará al suelo, por mucho que se resista. Este es el resultado de la resistencia directa a un ataque contundente. En cambio, si decide dejar de resistirse, puede mantener el equilibrio moviéndose hacia atrás con la misma fuerza. Esto hará que su oponente pierda el equilibrio, porque se estará moviendo hacia delante. Su posición en ese momento es más vulnerable debido a la postura extraña, lo que lo hace más débiles que usted. Como usted mantiene el equilibrio, puede conservar su fuerza y contraatacar. Aunque usted sea más fuerte, es mejor no resistirse desde el principio, ya que debe mantenerse firme y esperar a que su oponente se debilite.

En otra situación, su oponente puede intentar levantarlo y tirarlo al suelo. Aunque se resista, caerá por su posición vulnerable. Una buena defensa consiste en agarrarse del adversario y lanzarse deliberadamente al suelo mientras lo lleva consigo y lo derriba con facilidad. Con estos ejemplos, puede hacerse una idea de cómo el judo enfatiza en el uso de la fuerza y el impulso del oponente para contrarrestarlo sin resistirse. Por supuesto, esto no siempre funciona. Por ejemplo, si su oponente lo agarra de la muñeca y no se resistes, no será capaz de zafarse de esta posición. En ese caso, debe levantar todo el brazo para utilizar la fuerza de su cuerpo y resistirse a su agarre. (Esta técnica es opuesta a la anterior, ya que usó su propia fuerza contra la de él).

Un judoca (practicante) desarrolla su fuerza física, con la práctica regular, pero también mejora mentalmente, y la inteligencia es muy importante en las competencias. Existen numerosas formas de aprender las técnicas, lo que confiere a cada judoca un estilo único y le permite desarrollarse por sí mismo. La belleza del judo es que admite a personas de todas las edades y niveles de fuerza. El objetivo final es tener un excelente control corporal y mental y estar preparado para cualquier ataque repentino.

Los alumnos de judo entrenan para ser conscientes de los puntos fuertes y débiles de sus oponentes, de modo que puedan utilizar esta información para ganar combates. Este entrenamiento mental es tan importante como el físico y, si se realiza correctamente, se adquiere confianza y precisión en los movimientos. Un buen judoca es resolutivo y sabe cómo y cuándo reaccionar ante un movimiento repentino. Este estado de conciencia mental permite estar alerta en todo momento, permanecer concentrado y no ser vencido. Es buena idea investigar y observar regularmente combates de judo para aprender de los errores y aciertos de otros. En el entrenamiento de judo aprenderá a utilizar su imaginación, lógica y criterio para ganar combates.

La práctica regular del judo es exigente y exige vigor. Desarrollará su forma física mejorando su fuerza, velocidad, precisión, resistencia, equilibrio y flexibilidad. Las maniobras ofensivas y defensivas le ayudarán a mejorar sus reflejos y su coordinación corporal y aumentarán su confianza. Su físico mejorará drásticamente al cabo de unos meses, porque el entrenamiento de judo trabaja todos los músculos. Basta con dominar unas pocas técnicas para triunfar en las competiciones.

Además de los beneficios físicos y mentales, el judo enseña a controlar las emociones y los impulsos. A los alumnos de judo se les enseña a controlar la ira y los arrebatos emocionales, o corren el riesgo de malgastar su energía, dando al oponente la oportunidad de ganar. La estabilidad emocional le beneficiará en todos los aspectos de su vida. A menudo se experimenta falta de motivación y desánimo a la hora de realizar trabajos o proyectos. El judo enseña a utilizar el cuerpo y la mente según el principio *seiryoku-zenyo*, o uso eficiente de la energía. Puede utilizar este principio para motivarse y superar las malas rachas.

Aprenderá mucho sobre ética y etiqueta en el entrenamiento. Los jóvenes estudiantes de judo demuestran valentía y capacidad para trabajar bajo presión, ya que no dejan que el miedo los paralice. Las normas del judo hacen hincapié en los principios de justicia y juego limpio. Es más que un deporte, ya que la moral y las lecciones del entrenamiento inculcan a los alumnos de este arte humildad y decencia, características que llevan consigo al mundo. Este deporte también enseña a los alumnos la importancia de ayudar a sus comunidades y contribuir con su desarrollo. El mundo del judo gira en torno a sus tradiciones únicas y a la cultura de la delicadeza. Es una de las artes marciales más populares y se enseña en muchas escuelas y centros de todo el mundo.

Aprenderá a forjar amistades y asociaciones mientras practica judo, porque los luchadores que entrenan juntos pasan mucho tiempo superando sus límites y compartiendo sus estados más vulnerables y fuertes. Al participar en judo, aprenderá que cada movimiento tiene un significado. No se trata solo de aprender movimientos y repetirlos. Hay combinaciones ilimitadas que puede utilizar para luchar. Así es como el judo es más que un estilo de lucha normal, es una forma de arte.

La Federación Internacional de Judo (FIJ)

A nivel deportivo, las competiciones de judo empezaron a tomar forma oficial a principios del siglo XX. En 1932 se creó en Alemania la Unión Europea de Judo. Dos años más, tarde se celebró en Dresde el primer campeonato europeo. A los países europeos de Alemania, Austria, Francia, Países Bajos, Italia y Suiza se unió Argentina. El nombre de la unión pasó a ser Federación Internacional de Judo (FIJ), fundada en 1951. El judo tardó en formar parte de los Juegos Olímpicos debido a la Segunda Guerra Mundial. Tras el fin de la guerra, este deporte se hizo cada vez más popular en muchos países. Finalmente, el judo pasó a formar parte de los Juegos Olímpicos en 1964.

La función de la Federación Internacional de Judo es organizar eventos de judo en todo el mundo y proteger su integridad. La FIJ participa en la organización de los combates de judo en las Olimpiadas, y su objetivo es difundir la práctica del judo como arte marcial a personas de todas las edades y categorías. En la actualidad, la FIJ está afiliada a 200 federaciones de numerosos países, y unos veinte millones de personas practican este arte marcial en todo el mundo, según las encuestas de la FIJ. La FIJ también celebra el Campeonato Mundial y el Tour Mundial de Judo cada año desde 2009.

Si quiere poner en práctica su destreza en el judo, lo animamos a que vea los eventos que organiza la FIJ cada año. También hay muchos vídeos en YouTube que puede ver mientras practica judo.

Reglas, formato y puntuación en competiciones de judo

Categorías de peso

Existen siete categorías de peso para cada uno de los equipos masculinos y femeninos de judo:

Categorías de peso para hombres:

- Peso extra liviano - 60 kg (132 lb.)
- Peso liviano medio - 66kg (145 lb.)

- Peso liviano - 73 kg (160 lb.)
- Peso medio - 81kg (178 lb.)
- Peso medio pesado - 90 kg (198 lb.)
- Peso pesado - 100 kg (220 lb.)
- Peso abierto + 100 kg (+220 lb.)

Categorías de peso para mujeres:
- Peso extra liviano - 48 (105 lb.)
- Peso liviano medio - 52 (114 lb.)
- Peso liviano - 57 (125 lb.)
- Peso medio - 63 (138 lb.)
- Peso medio pesado - 70 (154 lb.)
- Peso pesado - 78 (171 lb.)
- Peso abierto + 78 (+171 lb.)

Categorías de peso para juveniles IJF

Hombres juveniles sub 18
- Peso pluma - 50 kg (110 lb.)
- Peso extra liviano - 55 kg (121 lb.)
- Peso liviano medio - 60 kg (132 lb.)
- Peso liviano - 66 kg (145 lb.)
- Peso medio - 73 kg (170 lb.)
- Peso mediano - 81 kg (178 lb.)
- Peso medio pesado - 90 kg (198 lb.)
- Peso pesado + 90 kg

Tenga en cuenta que las conversiones de Kg en LBS no son exactas.

Hombres juveniles sub 21
- Peso pluma - 55 kg (121 lb.)
- Peso extra liviano - 60 kg (132 lb.)
- Peso medio liviano - 66 kg (145 lb.)
- Peso liviano - 73 kg (170 lb.)
- Peso medio - 81 kg (178 lb.)

- Peso mediano - 90 kg (198 lb.)
- Peso medio pesado - 100 kg (220 lb.)
- Peso pesado + 100 kg

Mujeres juveniles

- Peso pluma - 40 kg (88 lb.)
- Peso extra liviano - 44 kg (97 lb.)
- Peso medio liviano - 48 kg (105 lb.)
- Peso liviano - 52 kg (114 lb.)
- Peso medio - 57 kg (125 lb.)
- Peso mediano - 63 kg (138.9 lb.)
- Peso medio pesado - 70 kg (154 lb.)
- Peso pesado + 70 kg

Mujeres juveniles IJF

- Peso pluma - 44 kg (97 lb.)
- Peso extra liviano - 48 kg (105 lb.)
- Peso medio liviano - 52 kg (114 lb.)
- peso liviano - 57 kg (125 lb.)
- Peso medio - 63 kg (138.9 lb.)
- Peso emdiano - 70 kg (154 lb.)
- Peso medio pesado - 78 kg (172 lb.)
- Peso pesado + 78 kg

Todos los luchadores deben someterse a un pesaje un día antes de la competencia. Cada país puede incluir dos jugadores en cada categoría de peso, con un máximo de siete jugadores y jugadoras en el equipo. Los últimos ocho jugadores de la clasificación compiten en eliminatorias de repesca. Los jugadores que pierden en cuartos de final compiten en otras dos repescas por la medalla de bronce.

Estructura

En un combate de judo, dos luchadores compiten sobre una colchoneta o tatami. Uno de los luchadores viste un traje de judo blanco o judogi, y el otro un traje azul. El árbitro hace una señal a los jugadores para que se acerquen al tatami, se ubiquen frente a frente y hagan una reverencia. El árbitro inicia el juego dando la orden verbal «*hajime*».

Cada combate dura cinco minutos, tanto para la categoría masculina como para la femenina. El árbitro puede detener el juego con la orden verbal «*matte*» y proseguir diciendo de nuevo «*hajime*». El reloj se detiene durante estas pausas. En caso de que ambos luchadores consigan los mismos puntos al final del combate, este no se detiene. Se da una prórroga ilimitada o periodo de punto de oro. El juego se termina cuando un jugador anota un punto (y gana) o recibe una penalización (y pierde).

Reglas

El área de combate debe estar completamente cubierta por colchonetas de judo u otras aceptadas en este deporte, del color preferido por la Federación Internacional de Judo. El área se divide en dos partes. El tamaño del área interior o área de combate oscila entre 8x8 y 10x10 metros. El tamaño del área exterior o área de seguridad es de al menos tres metros de ancho, y ambas áreas deben ser de colores diferentes.

Puntuación

El árbitro realiza señales con las manos cuando un jugador marca un punto o recibe una penalización. Así comunican las instrucciones y las puntuaciones a los jugadores. La puntuación más alta en judo se llama *ippon*. Si un jugador marca un *ippon*, gana y el combate termina. Hay cuatro formas de marcar un *ippon*. La primera consiste en utilizar la velocidad y la fuerza para tumbar al adversario de espaldas.

La segunda consiste en inmovilizar al oponente en el suelo mediante la técnica de sujeción «*osaekomi waza*» y mantenerlo durante veinte segundos. Si el adversario da dos o más palmadas en el suelo con las manos o los pies o grita «*maitta*», significa que se somete por estrangulamiento (*shime-waza*) o por bloqueo de brazo (*kansetsu-waza*).

Mientras que *ippon* es un punto completo, un *waza ari* es medio punto. Se consigue un *waza ari* si falta un elemento en la técnica de lanzamiento o inmovilizando al oponente entre diez y veinte segundos. Si se marcan dos *waza ari*, se gana la partida. Existían otras dos puntuaciones inferiores llamadas *koka* y *yuko*, pero fueron canceladas en 2008 y 2017, respectivamente.

La puntuación final es la puntuación de penalización (*shido*). Hay muchas formas de obtener penalizaciones por faltas en una competición de judo. El *shido* puede marcarse cuando un luchador pasa demasiado tiempo sin comprometerse o siendo poco agresivo en el combate. Si ambos jugadores consiguen el mismo número de *shidos*, estos se anulan mutuamente y no se tienen en cuenta en la puntuación ganadora. Los *Shido* son penalizaciones menores, mientras que los *hansoku-make* son penalizaciones mayores. También se pueden conceder si un jugador recibe tres *shidos*. Un *hansoku-make* es una penalización grave y el jugador que la recibe queda eliminado de todo el torneo.

Procedimientos de seguridad y etiqueta

Los jugadores no deben hacerse daño a propósito, y no se permite utilizar patadas, puños o ataques similares durante el juego. Tampoco pueden tocarse la cara en ningún momento. No se les permite llevar ningún objeto duro en sus trajes, como anillos, relojes o cualquier equipo de protección, ya que todo esto merece un *hansoku-make*. Tampoco se les permite realizar zambullidas de cabeza ni atacar articulaciones que no sean las del codo. Hay otras dos técnicas que no están permitidas: *kawazu gake* (una técnica de enredo de piernas) y *kani basami* (un movimiento de raspado de pies).

En términos de etiqueta, los jugadores deben inclinarse antes de pisar el área de combate. A continuación, se colocan frente a frente y se inclinan de nuevo antes y después de la competición o la sesión de entrenamiento. Los luchadores deben mantener un comportamiento honorable, por lo que no se permiten malas palabras ni gestos. Durante el combate, los luchadores no pueden entretenerse, utilizar una postura defensiva o ignorar las instrucciones del árbitro.

El traje de judo o *judogi* tiene criterios específicos que favorecen la seguridad y permiten las técnicas de agarre. Las mangas no deben ser demasiado cortas; deben estar 5 cm por encima de la muñeca cuando el brazo está extendido delante del cuerpo del jugador. Los pantalones deben llegar a 2 pulgadas por encima del tobillo. Los logotipos de los patrocinadores deben reducirse al mínimo en el traje. Si el uniforme no es apropiado, el jugador es sancionado.

Rangos del judo y pruebas de promoción

El judo se rige por un sistema de clasificación en el que el color del cinturón representa el nivel del luchador. El cinturón negro es para los maestros de este deporte. Hay dos grados principales en el judo: *kyu* y dan. El *Kyu* o *mu-dan-sha* es para los estudiantes que están empezando a aprender judo. Este grado se divide a su vez en seis niveles. En orden ascendente, el cinturón marrón se denomina *ikkyu*, el azul *nikyu*, el verde *sankyu*, el naranja *yonkyu*, el amarillo *gokyu* y el blanco *rokyu*. Después del cinturón blanco, el estudiante realiza una prueba de promoción para subir de nivel y entrar en los grados dan.

El grupo de grados dan, o cinturón negro, se denomina *yū-dan-sha*, que significa poseedor del cinturón negro. Esta clasificación se divide en diez niveles o grados. Todos los jugadores llevan un cinturón negro. En ocasiones especiales, como cuando un luchador alcanza el sexto, séptimo y octavo nivel de cinturón negro, puede llevar un cinturón rojo y blanco. Quienes alcanzan los niveles noveno y décimo pueden llevar un cinturón rojo.

Antes de la prueba de promoción, es necesario dominar la técnica de caída. Es importante aprender a caer para evitar lesiones graves. Debe conocer todas las reglas y la etiqueta del juego. Tiene que aprender la terminología en japonés y ser cortés y respetuoso en todo momento con sus profesores y compañeros de entrenamiento. Debe tener limpio su *judogi* para la prueba y cortarse las uñas antes de cada combate o entrenamiento. Si tiene el pelo largo, debe atárselo bien con una goma y asegurarse de no llevar ningún objeto metálico. Las mujeres pueden llevar una camiseta blanca debajo de la chaqueta. Su comportamiento y asistencia son importantes en el judo, por lo que debe comprometerse plenamente con este deporte para alcanzar altas clasificaciones.

A estas alturas, ya habrá aprendido que el judo es algo más que un estilo de lucha. Es una forma de arte y un deporte muy apreciado. Aprender judo significa enormes beneficios, desde la forma física hasta el control de la ira, que podrá aplicar en su vida diaria.

Capítulo 13: Ejercicios diarios de entrenamiento

El judo es una de las artes marciales más exigentes. Aunque no es tan exigente físicamente como otros estilos como el karate o el taekwondo, requiere mucha disciplina mental y concentración. No solo eso, sino que comprende muchos aspectos diferentes en los que puede entrenar y desarrollar sus habilidades: desde sumisiones y derribos hasta trabajo desde el suelo y defensa personal. Y aunque entrene lo suficiente, le llevará un tiempo significativo dominar cada área.

Este capítulo le ayuda a encontrar el tiempo para entrenar diariamente y tener éxito en este arte marcial.

A continuación, encontrará algunos ejercicios y rutinas que para dedicar más tiempo al entrenamiento diario. Pueden utilizarlas además de las sesiones en el gimnasio o en casa con un compañero de entrenamiento. Se incluye una lista de ejercicios para el entrenamiento específico de judo, que incluye acondicionamiento muscular y rutinas de calentamiento.

Además, este capítulo incluye información sobre el entrenamiento de fuerza. No solo es importante el acondicionamiento, sino también entrenar los músculos para no lesionarse. Incluso si no participa en ninguna otra arte marcial, es importante que entrene sus músculos para soportar los movimientos del judo. Verá que muchas de estas rutinas incluyen una cantidad determinada de repeticiones y series. Puede hacer tantas como quiera para cada serie, pero no sobrepase la cantidad recomendada, o podría lesionarse.

Al final de este capítulo, hay algunos ejercicios de estiramiento que es importante hacer después de terminar con la rutina de entrenamiento. No importa qué estilo de artes marciales practique; debe estirar para prevenir lesiones y dolores musculares. Esto es especialmente importante en el judo, ya que se utiliza todo el cuerpo para estrangular, lanzar o inmovilizar al oponente.

Ejercicios de calentamiento

El judo es un deporte en el que se utiliza todo el cuerpo, por lo que no solo hay que entrenar los músculos, sino también calentar para evitar lesiones. Aquí tienes algunos ejercicios de calentamiento que puedes hacer antes de tu entrenamiento de judo:

1. Media levantada

Póngase en cuatro apoyos. Lleve la rodilla derecha hacia el pecho y extiéndala hacia atrás. A continuación, suba la rodilla hasta la altura de los hombros, asegurándose de mantener los abdominales contraídos. Por último, vuelva a subir la rodilla a la altura del pecho, pero esta vez vuelva a la posición inicial a cuatro apoyos. Realice tres series de doce repeticiones y repita todo el proceso con el lado izquierdo.

2. Postura del niño

Empiece en cuatro apoyos, pero en lugar de llevar las rodillas hacia el pecho, llévelas hacia fuera. Empuje las caderas hacia atrás hasta que su frente toque el suelo. Mantenga los brazos estirados delante de usted, con las palmas apoyadas en el suelo. Mantenga esta posición de treinta a sesenta segundos.

3. Estiramiento de cuádriceps

Colóquese de pie y doble una pierna hacia atrás en un ángulo de 90 grados. Agárrese al pie o llévelo hasta el trasero y sujételo con ambas manos. La pierna debe estar estirada hacia atrás. Inclínese lentamente hacia delante, asegurándose de que la rodilla no sobrepasa los dedos del pie. Sentirá un estiramiento en la parte delantera del muslo y en toda la parte posterior de la pierna. Mantenga esta posición entre treinta y sesenta segundos y luego cambie de pierna.

Prácticas de calentamiento

Después de haber estirado y calentado, aquí tiene algunos ejercicios que harán que su corazón bombee y su sangre fluya:

1. Hombre corriendo

Este ejercicio se puede hacer en cualquier sitio, aunque es más fácil hacerlo al aire libre. Es un excelente ejercicio cardiovascular. Empiece de pie con los brazos estirados por encima de la cabeza. A continuación, salte y junta las puntas de los dedos. Vuelva a saltar, pero esta vez lleve las manos al otro lado de la cabeza. Siga cambiando de un lado a otro. Para aumentar su habilidad, salte y tóquese los dedos de un lado, luego cambie de brazo y salte con el brazo contrario.

2. Rodillas altas

Corra en su posición, llevando las rodillas a la altura de la cintura. Mantenga los brazos extendidos delante de usted, casi en un ángulo de 90 grados. Suba las rodillas todo lo que pueda. Si siente que baja el ritmo, mueva los brazos con más fuerza.

3. Patadas en el trasero

Este ejercicio también puede hacerlo al aire libre. Corra en su posición, llevando las rodillas hacia el pecho. Intente darse patadas en el trasero con los talones. Mueva los brazos para aumentar la intensidad.

4. Saltos

Este ejercicio es similar al de las patadas en el trasero, pero debe llevar las rodillas a la altura del pecho. Salte recto hacia arriba y hacia abajo, pero intente conseguir altura en tus saltos. Mueva los brazos mientras saltas para aumentar la intensidad.

Entrenamiento de fuerza para judo

El judo es un ejercicio para todo el cuerpo. No solo utiliza los brazos y las piernas, sino también los músculos centrales. Después de calentar y estirar, debe hacer ejercicios de fuerza. Aquí tiene una lista con algunos ejercicios que puede hacer en el gimnasio para complementar su entrenamiento de judo:

1. Dominadas y flexiones

Una flexión es cuando las palmas de las manos miran hacia usted. Una dominada es cuando las palmas de las manos miran hacia otro lado.

Las dominadas y las flexiones son excelentes ejercicios para fortalecer los músculos de la espalda. También ayudan a levantar a un oponente del suelo. La mejor forma de realizarlas es con un agarre por encima de la mano, es decir, con las palmas de las manos hacia fuera. Agarre la barra con ambas manos separadas a la altura de los hombros y cuélguese de ella. Suba todo lo que pueda y vuelva a bajar. Realice tres series de doce repeticiones.

2. Levantamiento de pecho

Este ejercicio es ideal para desarrollar los músculos del pecho y los tríceps. Acuéstese en un banco con una barra apoyada en el pecho. Sujete la barra con ambas manos separadas a la altura de los hombros y presione hasta que los brazos queden completamente extendidos por encima de usted. Baje lentamente la barra hasta el pecho y repita. Realice tres series de doce repeticiones.

3. Peso muerto

El peso muerto es un gran ejercicio para aumentar la fuerza de las piernas y fortalecer la espalda. Debe hacerse con precaución, así que asegúrese de saber lo que hace antes de realizarlo. La mejor forma de hacer este ejercicio es utilizar un agarre por encima de la mano con los brazos separados a la altura de los hombros. Póngase de pie con los pies separados a la altura de los hombros y flexione ligeramente las rodillas. A continuación, baje lentamente la barra hasta la altura de las rodillas. Mantenga la espalda recta, vuelva a levantar la barra y repita la operación. Realice tres series de doce repeticiones.

4. Sentadillas

La sentadilla es un excelente ejercicio. Se centra en la parte inferior del cuerpo y los músculos centrales, además de fortalecer la espalda. Párese con los pies separados a la altura de los hombros y baje como si fueras a sentarse. Mantenga la espalda recta estirando las nalgas hacia atrás. Asegúrese de que las rodillas no sobrepasan los dedos de los pies, ya que podría lesionarse. Vuelva a levantarse lentamente y repita el ejercicio. Utilice un peso que le suponga un reto, pero que pueda levantar. Haga tres series de doce repeticiones.

5. Flexiones de tríceps

Este ejercicio trabaja los tríceps. Puede realizarse en casa o en el gimnasio, pero es más fácil hacerlo con un banco o una silla. Agárrese al borde de un banco con las palmas de las manos en el borde y los dedos apuntando hacia usted. Empuje con los dedos de los pies para elevarse y luego vuelva a bajar. Mantenga los codos pegados a los costados durante todo el movimiento. Realice tres series de doce repeticiones.

Ejercicios de acondicionamiento muscular

1. Flexiones de pecho

Empiece con las manos ligeramente separadas de la anchura de los hombros. Mantenga la espalda recta y baje hasta que el pecho esté justo por encima del suelo. Mantenga los abdominales contraídos para evitar lesionarlos. Se recomiendan entre cuarenta y cincuenta repeticiones. Haga todas las que pueda sin parar, pero no sobrepase el número recomendado o podría hacerse daño. Si no tiene fuerza suficiente para hacer tantas, empiece con las rodillas en el suelo en lugar de los pies. Haga todas las que pueda al principio y vaya añadiendo repeticiones a medida que se va haciendo más fuerte.

2. Abdominales

Siéntese en el suelo y coloque los pies debajo de un objeto resistente. Cuanto más pesado sea el objeto bajo el que coloques los pies, más difícil le resultará. Coloque las manos detrás de la cabeza y flexione el torso hacia las rodillas. Mantenga esta posición durante unos segundos y luego vuelva al suelo lentamente. Asegúrese de no tocar el suelo con la espalda, ya que se arquearía y podría hacerse daño. En cambio, baje la parte superior del cuerpo hasta el suelo. El número recomendado de repeticiones es entre cuarenta y cincuenta. De nuevo, haga tantas repeticiones como pueda sin detenerse, pero no sobrepase el número recomendado.

3. Levantamiento de piernas

Acuéstese boca arriba y levante las rodillas hasta formar un ángulo de 90°. Manténgalas en ese ángulo y levante los pies del suelo. Si es necesario, ponga un poco de peso sobre los pies para evitar que se bajen. Suba las piernas hasta que estén perpendiculares al torso y luego bájelas lentamente. Mantenga la cabeza en el suelo y no ruede hacia atrás para levantarse. El número de repeticiones recomendado es entre veinte y treinta.

4. Abdominales en bicicleta

Este es otro ejercicio para todo el cuerpo que ejercita los abdominales y las piernas. Colóquese en la misma posición que para el levantamiento de piernas. En este caso, mueva las piernas de modo que la rodilla derecha quede junto al codo izquierdo y, a continuación, la rodilla izquierda junto al codo derecho. Continúe alternando en este patrón uno tras otro hasta que haya recorrido todo el cuerpo. El número de repeticiones recomendado es entre veinte y treinta.

5. Planchas

Acuéstese en el suelo con los codos justo debajo de los hombros y las piernas estiradas hacia atrás. Apóyese en las puntas de los pies y en el dorso de las manos, manteniéndose lo más plano posible. Puede mantener las rodillas en el suelo si le resulta demasiado difícil. Mantenga esta posición el mayor tiempo posible. El tiempo recomendado es de treinta segundos.

6. Burpees

Empiece de pie. Tírese al suelo y apoye las manos en él. Mande las piernas hacia atrás hasta que esté en posición de flexión con los brazos extendidos. Haga una flexión de pecho, luego vuelva a la posición de pie y salte en el aire. Cuando aterrice, agáchese y toque el suelo con los dedos. El objetivo es volver a elevar los pies en el aire mientras toca el suelo, pero no es obligatorio. Con este ejercicio trabaja las piernas, los brazos, el pecho y el tronco. Haga tantas repeticiones como pueda.

7. Zancadas

Póngase de pie con los pies separados a la altura de los hombros. Dé un paso adelante de modo que una pierna quede delante de la otra. Mantenga la espalda recta y baje hasta que la rodilla de atrás casi toque el suelo. Levántese y dé un paso adelante con la otra pierna, repitiendo el movimiento de ese lado. Asegúrese de moverse hacia delante durante todo el movimiento, en lugar de desplazarse hacia un lado. El número de repeticiones recomendado es entre veinte y treinta. Puede sostener mancuernas con ambas manos si desea añadir peso adicional.

Estirar después de entrenar

Una vez finalizado el entrenamiento, es importante estirar. Esto ayuda a relajar los músculos y evita lesiones. Los estiramientos de pie incluyen:

- Tocarse los dedos de los pies.
- Estirarse hacia arriba en la postura del árbol.
- Agacharse, intentando tocar el suelo con los dedos, si es

posible.

- Acostarse boca arriba y elevar ambas piernas en un ángulo de 90°.

- Acostarse boca arriba y llevar ambas piernas hacia atrás en un ángulo de 45°.

- De pie y con las manos en alto, luego hacia la derecha y hacia la izquierda.

- De pie sobre una pierna, llevar la otra delante y agacharse hasta tocarse la rodilla.

- De pie sobre una pierna, llevar la otra hacia un lado y agacharse hasta tocarse la rodilla.

Estiramientos sentado

- Alejar los dedos de los pies y volver a acercarlos.

- Acostarse boca arriba y subir ambas piernas hasta formar un ángulo de 90°. Luego bajarlas y tocar el suelo delante.

- Acostarse boca arriba, llevar las dos piernas hacia atrás, de nuevo en un ángulo de 45°, y luego tocar el suelo delante.

- Sentarse con una pierna cruzada sobre la otra y estirar la mano para agarrar los dedos de los pies y tirar de ellos hacia usted.

- Sentarse agarrar a una pierna y llevarla hacia el pecho. Si es posible, agarrar la planta del pie con la mano contraria y acercarlo hacia usted.

El judo es un arte marcial que requiere disciplina, entrenamiento y trabajo duro para alcanzar el nivel de cinturón negro. Sin embargo, es beneficioso para todo el mundo añadir algo de entrenamiento de judo a su régimen de ejercicios. El entrenamiento de judo ayuda a mejorar su coordinación y equilibrio general, a desarrollar la musculatura y a quemar calorías durante el proceso. En este capítulo se han ofrecido algunas ideas de ejercicios que puede realizar para entrenar Judo o simplemente para añadir un poco de variedad a su plan de entrenamiento actual. Todos estos movimientos se pueden realizar en el gimnasio o en casa y no requieren ningún equipamiento especial, salvo una colchoneta para amortiguar las caídas.

El entrenamiento de judo puede combinarse con otras formas de ejercicio, pero lo mejor es hacerlo solo. Se recomienda entrenar al menos tres días a la semana, pero puede hacerlo más a menudo si lo desea. Solo recuerde tomárselo con calma y escuchar los límites de su cuerpo. Recuerde que volver a la posición de pie después de practicar cualquiera de los derribos es importante para prevenir lesiones en las clases de judo. También debe recordar estirar al terminar y beber mucha agua después del entrenamiento.

Conclusión

El objetivo de este libro es ofrecerle una amplia visión general del judo
en cuanto a sus principios, técnicas y clasificaciones. Comenzamos
mencionando la historia del Judo, explicando cómo se originó a partir
del *jiu-jitsu* y cómo fue practicado por los samurai. Hablamos de cómo
la etiqueta es un aspecto importante del judo, ya que los jugadores deben
inclinarse antes de pisar el tatami y antes y después de cada combate. La
idea del judo es lograr la máxima eficacia conservando la energía, por lo
que no se trata de ejercer la fuerza contra el oponente. Se trata de
mantener el equilibrio y esperar el momento adecuado para derribarlo.
Hay un montón de técnicas y variaciones que puede utilizar durante un
combate de judo, como se menciona a lo largo del libro.

En el capítulo 2, mencionamos los dos métodos principales de
aprendizaje del judo, que son el judo *kata* y el judo *randori*. Aprendió a
anticiparse a los movimientos ofensivos de su oponente y responder a
cualquier ataque repentino. Mencionamos las siete técnicas de *kata* y
cuáles se siguen utilizando hoy en día. El judo *randori* es la forma más
libre del judo, en la que se aprende a ser más creativo con las técnicas. El
judo es un deporte fluido y no basta con memorizar unas cuantas
técnicas o combos de lucha para ganar un combate. En judo, necesita
saber cómo poner las probabilidades a su favor cuando está en una
posición vulnerable. Las técnicas de *randori* enseñan a combatir de pie o
desde el suelo. Debe estar completamente familiarizado con las técnicas
de *kata* antes de pasar al estilo *randori*.

En los capítulos del 3 al 10, mencionamos todas las técnicas esenciales del judo, empezando por la más básica, que es aprender a caer y aterrizar con seguridad para evitar lesiones. Esto es vital porque el judo conlleva muchos lanzamientos y caídas. El aspecto más importante de cualquier deporte es respetar los procedimientos de seguridad y practicar el autocontrol para no caer en la tentación de herir al oponente a propósito (o será descalificado del combate). Hablamos de las técnicas de mano y de cómo utilizar la parte superior del cuerpo para lanzar a un oponente a través de las quince técnicas de *te-waza*. Aprender los lanzamientos de cadera también es muy importante para hacer que su oponente pierda el equilibrio. Luego pasamos a las 21 *ashi-waza* o técnicas de pie y luego a las técnicas de sacrificio, en las que engaña a los oponentes cayendo de espaldas para derribarlos.

En los capítulos 9 y 10, hablamos de las técnicas de inmovilización, estrangulamiento y bloqueo articular, que son muy necesarias para conseguir un punto completo o *ippon*, que es como se gana el juego. Hay que tener cuidado con todas estas técnicas y solo se deben practicar bajo supervisión. Después, hablamos del judo como arte de defensa personal y explicamos cómo se puede derribar a un oponente más grande y más fuerte, así como la forma de sobrevivir a los ataques armados. Hablamos del lado competitivo del judo, cómo trasciende a una forma de arte, las reglas de competencia, la estructura y la puntuación, y cómo entrenar antes de las pruebas de promoción. En el último capítulo, explicamos cómo establecer una rutina diaria de entrenamiento de judo que se puede aplicar en casa o en el gimnasio. Esperamos que este libro le sea útil para aprender todo sobre este magnífico arte marcial.

Vea más libros escritos por Clint Sharp.

CLINT SHARP

Jiu-Jitsu Brasilero

GUÍA COMPLETA DE FUNDAMENTOS BÁSICOS
PARA PRINCIPIANTES DEL BJJ Y SU
COMPARACIÓN CON EL JIU-JITSU JAPONÉS

Referencias

MSISSHINRYU.COM. (n.d.). Recuperado de Msisshinryu.com website: http://www.msisshinryu.com/articles/kano/Judo-contrib.shtml

Waza (técnicas). (n.d.). Recuperado de Judo-ch.jp website: https://www.Judo-ch.jp/english/knowledge/technique/

Goshin jutsu kata. (2018, September 21). Blackbeltwiki.Com. https://blackbeltwiki.com/goshin-jutsu-kata

Itsutsu-no kata. (2018, September 21). Blackbeltwiki.Com. https://blackbeltwiki.com/itsutsu-no-kata

Reglas *randori.* (2013, October 23). Judoinfo.Com. https://Judoinfo.com/randori/

El mejor *ukemi* -Técnicas de caída en el judo (breakfalls). (2013, October 23). Judoinfo.Com. https://Judoinfo.com/breakfalls/

Glosario de términos de judo. (n.d.). Judo-Ch.Jp. Recuperado de https://www.Judo-ch.jp/english/dictionary/terms/taisabaki/

Fundamentos del judo - lecciones para principiantes. (2014, April 7). Judoinfo.Com. https://Judoinfo.com/Judo-basics-beginners/

Shizentai: Postura natural. (n.d.). Kendo-Guide.Com. Recuperado de https://www.kendo-guide.com/shizentai.html

(N.d.). Netdna-Ssl.Com.

Todo sobre las técnicas de mano del judo (*te-waza*). (2014, April 13). Judoinfo.Com. https://Judoinfo.com/hand-techniques-tewaza/

Glosario de términos del judo. (n.d.). Judo-Ch.Jp. Recuperado de https://www.Judo-ch.jp/english/dictionary/terms/tewaza/

Técnicas de judo -*Te-waza.* (2012, February 21).

Lanzamientos de judo - Técnicas de mano - wiki del cinturón negro. (2018, September 9). Blackbeltwiki.Com. https://blackbeltwiki.com/Judo-throws-hand-techniques

Nombres de las técnicas de judo. (n.d.). KodokanJudoinstitute.Org. Recuperado de http://kodokanJudoinstitute.org/en/waza/list/

Te-waza (手技) Técnicas de lanzamiento de mano | Judo guide. (2016, January 18).

Técnicas de judo -*Koshi-waza*. (2012, February 23).

Lanzamientos de judo - técnicas de cadera - black belt wiki. (2018, September 9). Blackbeltwiki.Com. https://blackbeltwiki.com/Judo-throws-hip-techniques

Koshi waza -Técnicas de cadera. (2016, April 10).

Koshi-waza. (n.d.). Judoenlignes.Com. Recuperado de https://www.Judoenlignes.com/tachi-waza/nage-waza/koshi-waza/

Koshi-waza (腰技): **hip throwing techniques. (n.d.). Akban.Org.** Recuperado de https://www.akban.org/wiki/Category:Koshi-waza_(%E8%85%B0%E6%8A%80):_hip_throwing_techniques

Todas las técnicas de pie del judo (*ashi-waza*). (2014, April 13). Judoinfo.Com. https://Judoinfo.com/foot-techniques-ashi-waza/

Ashi-waza - Compilación. (2019, May 16).

Ashi-waza (足技): Técnicas de lanzamiento de pie. (n.d.). Akban.Org. Recuperado de https://www.akban.org/wiki/Category:Ashi-waza_(%E8%B6%B3%E6%8A%80):_foot_throwing_techniques

Fairbrother, N. (2020, May 26). *Ashi-waza*: Los 5 mejores lanzamientos para principiantes. Kokakids.Co.Uk. https://www.kokakids.co.uk/ashi-waza

Glosario de términos del judo. (n.d.). Judo-Ch.Jp. Recuperado de https://www.Judo-ch.jp/english/dictionary/terms/asiwaza/

Raspados de pie de judo en profundidad. (2020, January 24).

Glosario de términos de judo. (n.d.). Recuperado de Judo-ch.jp website: https://www.Judo-ch.jp/english/dictionary/terms/sutemi/

Glosario de términos de *waza* de judo (técnicas). (n.d.). Recuperado de Judo-ch.jp website: https://www.Judo-ch.jp/english/dictionary/technique/nage/masute/hikikomi/

Técnicas de judo. (n.d.). Recuperado de Ijf.org website: https://Judo.ijf.org/techniques/Hane-makikomi

Lanzamientos de sacrificio. (2016, August 15). Recuperado de Wordpress.com website: https://lewesmartialarts.wordpress.com/the-techniques/throws/sacrifice-throws/

Lanzamientos de sacrificio. (n.d.). Recuperado de Dpegan.com website:

https://www.dpegan.com/sacrifice-throws/

Ukemi: Una técnica fundamental para principiantes de judo. (2019, December 30). Recuperado de Amakella.com website: https://www.amakella.com/ukemi-Judo-breakfalls/

Aikido, G. (2016, September 21). Técnicas de control o inmovilización *Aikido Osae Waza* -Good Aikido -Medium. Medium. https://medium.com/@Aikido/aikido-osae-waza-control-or-pinning-techniques-dd28678b687

Glosario de términos de judo. (n.d.). Judo-Ch,Jp. Recuperado de https://www.Judo-ch.jp/english/dictionary/terms/osaekomi/

Judo - Técnicas de inmovilización -black belt wiki. (2018, September 9). Blackbeltwiki.Com. https://blackbeltwiki.com/Judo-pinning-techniques

Westermann, T. (n.d.). *Osae komi waza* - Técnicas de inmovilización. Judotechnik.Eu. Recuperado de http://www.Judotechnik.eu/Katamewaza/en_osae.php

(N.d.). Quizlet.Com. Recuperado de https://quizlet.com/35724507/yawara-osae-waza-pinning-techniques-flash-cards/

Judo - Estrangulamientos -black belt wiki. (2018, September 9). Blackbeltwiki.Com. https://blackbeltwiki.com/Judo-choking-techniques

Estrangulamientos de judo (*shimewaza*) --Técnicas de estrangulamiento. (2013, October 23). Judoinfo.Com. https://Judoinfo.com/chokes/

Shime Waza – Kyushin Ryu Jujitsu. (n.d.). Kyushinryujujitsu.Com. Recuperado de http://www.kyushinryujujitsu.com/resources/techniques/shime-waza/

Asfixias/estrangulamientos (Shime-Waza). (n.d.). CirenJudo.Co.Uk. Recuperado de https://www.cirenJudo.co.uk/strangles-chokes-shime-waza

Waza (Técnicas). (n.d.). Judo-Ch,Jp. Recuperado de https://www.Judo-ch.jp/english/knowledge/technique/

Bloqueos articulares de judo – *kansetsu waza*. (2018, June 3).

Kansetsu waza – Launceston Judo club -university of Tasmania Judo. (2020, December 4). LauncestonJudo.Com. https://launcestonJudo.com/kansetsu-waza/

Kansetsu-waza. (n.d.). Judoenlignes.Com. Recuperado de https://www.Judoenlignes.com/ne-waza/kansetsu-waza/

Glosario de *waza* de judo (técnicas). (n.d.). Judo-Ch,Jp. Recuperado de https://www.Judo-ch.jp/english/dictionary/technique/katame/kansetu/udehara/

Goshin Jutsu Kata. (2018, September 21). Blackbeltwiki.Com. https://blackbeltwiki.com/goshin-jutsu-kata

Formas de defensa personal en el judo: *Goshin jutsu*. (2013, October 23).

Judoinfo.Com. https://Judoinfo.com/katagosh/

KuSakuraShop. (n.d.). Como elegir *katas* de judo como arma para el *Goshin Jutsu no Kata*. Kusakurashop.Com. Recuperado de https://www.kusakurashop.com/pages/Judo-kata-weapons-bokken-jo-tanto-pistol

(N.d.). KodokanJudoinstitute.Org. Recuperado de http://kodokanJudoinstitute.org/en/docs/goshin_jutsu.pdf

Programa de pruebas de cinturones. (2013, July 13). Wordpress.Com. https://ucberkeleyJudo.wordpress.com/resources/belt-test-syllabus/

Sistema de clasificación de judo y colores de los cinturones. (n.d.). Myactivesg.Com. Recuperado de https://www.myactivesg.com/Sports/Judo/How-To-Play/Judo-for-Beginners/Judo-ranking-system-and-belt-colours

Judo: El arte japonés de la defensa personal. (2013, October 23). Judoinfo.Com. https://Judoinfo.com/kano2/

mtc. (n.d.). Formato de competencias de judo. Teamscotland.Scot.

WHAT IS JUDO? (n.d.). Com.Au.

51 ejercicios y prácticas de judo para hacer en casa. (2020, March 25).

Davis, N. (2019, September 24). 30 movimientos de entrenamiento en casa: rutina de 20 minutos para todos los niveles, sin necesidad de equipos. Healthline.Com. https://www.healthline.com/health/fitness-exercise/at-home-workouts

Davis, N. (2020, September 24). Los 10 mejores ejercicios para todo el mundo. Healthline.Com. https://www.healthline.com/health/fitness-exercise/10-best-exercises-everyday

Ellis, M. (2020, March 30). ¿Con cuánta frecuencia debería entrenar judo? [pista: ¡Depende!]. Craftofcombat.Com. https://craftofcombat.com/how-often-should-you-train-Judo/

Entrenamiento fuerte para judo. (2013, October 23). Judoinfo.Com. https://Judoinfo.com/strengthtraining/

La guía definitiva de ejercicios de judo. (n.d.). EffectiveJudo.Com. Recuperado de https://effectiveJudo.com/the-ultimate-guide-of-Judo-exercises